ミニマムで学ぶ
英語のことわざ

北村 孝一 著
Kristin Newton 協力

クレス出版

ミニマムで学ぶ〈ことわざ〉

　異文化（外国の文化）に関心を持ち、深く知りたいと思ったとき、私たちはまずその言語を学ぼうとします。具体的には、基礎的な文法と基本的なボキャブラリー（語彙）を身につける必要があるでしょう。そして、文章を読んだり、作文をしたり、簡単な会話に取り組んでいくことになります。しかし、それで十分かというと、その先にことわざの世界がひろがっています。

　ことわざはよく比喩を用います。たとえば、ヨーロッパの多くの言語に、直訳すると「静かな水は深く流れる」となる表現（ふつうは「静かな淵は深い」と訳される）がありますが、これは水音の低い淵が深いことを表すだけでなく、比喩的に無口な人について、表面からは窺いしれないものがあることを示しています。こうした表現は、予備知識なしに初めて聞いたのでは、とうてい理解できないものでしょう。比喩には、国際的に通用するものもありますが、母語（生まれたときから自然に身につけた言語）からの類推だけでは理解できず、とんでもない誤解をしかねないものもあるのです。

　しかも、ことわざには価値判断の基準や行動の指針となるものがあり、しばしば結論に直結しています。だから、文意をほぼ理解できたつもりでも、ことわざがわからないために結論が把握できないことが出てきます。ことわざには、人の行動を左右する力があるので、単なる文章の一部というより、肝心な核心部分となることが少なからずあるといってよいでしょう。〈ことわざ〉がカルチュラル・リテラシー（異文化の読解力）の重要なキイとされるのも当然です。

　では、異文化理解のためにどれくらいことわざを知る必要があるのでしょうか。ペルミャコーフ（ロシアのことわざ研究者）は、母語話者（ネイティブ）が常識的に知っていて、よく使うことわざをミニマムと名づけ、およそ400を知っておくことが望ましいとしてい

ました。

　しかし、ネイティブであっても、最初から400ものことわざを知っているわけではありません。幼少期から日常生活のなかで、いろいろな体験とともに少しずつに耳にすることによって、しだいにことわざを身につけていくことはいうまでもないでしょう。そのプロセスは、生活のなかでことわざを自然におぼえるだけでなく、同時に無意識のうちにことわざに対する感覚を身につけ、磨いていくものです。大人が口にすることわざが直ちに理解できなくても、使用場面と音声が脳内に蓄積されることによって、しだいに感覚的理解力が形成されるといってよいでしょう。

　〈ミニマムで学ぶ〉シリーズは、このプロセスを参考に、〈ミニマム〉を異文化理解の出発点として最小限必要なことわざと再解釈し、ことわざを論理的に理解するだけではなく、感覚的にも自分のものにするためのツールを目指しています。そのために、各言語のことわざ研究者が100のことわざを精選し、意味・用法を詳しく解説し、レトリックや参考となる文化的背景にもふれるようにしました。また、各言語のネイティブの協力を得て、現代の会話を中心に用例を示しています。

　このように最低限必要な100のことわざをていねいに学んでいくメソッドは、一見遠回りのようですが、さらに多くのことわざ表現を理解する上で不可欠な感覚を身につけることができ、異文化理解を着実に進めるものとなるでしょう。とりわけ現代の会話例は、ことわざのアクティブな活用に役立つことを確信しています。

　本シリーズが各言語のことわざの世界への扉をひらき、読者にとって異文化理解の礎石となることを願っています。

　2017年2月

　　　　　　　　ミニマムで学ぶことわざシリーズ監修　北村　孝一

はじめに

　この本の読者の大半は、日本語を母語とし、少なくとも中学・高校と6年間（日本の）英語教育を受けているでしょう。その教育のなかで、ことわざはどのように扱われているでしょうか。大学生に尋ねると、ことわざは受験勉強で暗記したという答えが多く返ってきます。たとえば、It's no use crying over spilt milk を「こぼれたミルクを嘆いてもしかたがない」と直訳し、つまり「覆水盆に返らず」だとして丸暗記するわけです。

　こうした学習法は、ことわざがどのような場面で、どのように使われるか、また対応する日本語のことわざのニュアンスや用法との差異について、事実上あまり考慮に入れないものです。これでは、クイズの回答には役立っても、実際に使おうとすると場違いになる恐れが大いにあり、とんだ誤解をおかしかねません。しかも日本語のことわざに置き換えるため、英語のことわざ表現の魅力や味わいにふれることは始めから無理な話になります。

　この本では、ことわざの意味のみならず用法も詳しく説明し、ことわざを理解するポイントや文化的背景などにもふれ、ことわざの文芸的側面（レトリックや音韻、リズムなど）にも注目しました。また、それぞれのことわざがどのような場面で使われるかイメージしやすいように、Kristin Newton さんの協力を得て、現代の典型的な用例を主に対話形式で示しています。

　ことわざの収録数は 100 とかぎられていますが、現代のアメリカやイギリスでよく使われる表現を中心に、なるべく他のことわざにも応用のきく表現を選んでみました。配列は6章に分け、最後まで新鮮に読めるように、見開きページの左右でテーマが関連するもの（類似のもの、見方が異なるもの、正反対のものなど）にしています。ことわざが決して退屈なお説教ではなく、ダイナミックな対話であ

り、時にはドラマチックで、また時には鋭い批評や温かいユーモアをもたらすことを実感していただければ幸いです。

『ミニマムで学ぶ英語のことわざ』は、受験参考書のように生真面目に暗記するのではなく、ゆったりと構え、楽しみながらじっくり読むのがふさわしい本です。なお、ことわざは、本来文字ではなく、音声で伝承されてきたものですから、見出しや用例は大きな声を出して音読してみてください。さらに、機会を見つけアクティブに使ってみることで、ことわざが身についたことが実感できるでしょう。

著　者

《凡　例》
【意味】ことわざの意味とニュアンス。
【用法】どのような使い方をするか、使われる場面や異形（バリアント）など。
【ポイント】ことわざを理解する上で重要なポイント。また、他のことわざにも応用のきくことなど。
【参考】ことわざの由来や文化的背景など。
【用例】現代の会話例を中心とした用例。

ミニマムで学ぶ　英語のことわざ　目　次

第1章　きしる車輪は油をさされる ………………………………… 1
　　　　コラム─ことわざと proverb ………………………………… 14

第2章　早起きの鳥は虫を捕える …………………………………… 15
　　　　コラム─聖書とことわざ ……………………………………… 38

第3章　美人というも皮一重 ………………………………………… 39
　　　　コラム─英会話で使われる外国語のことわざ……………… 58

第4章　手中の鳥一羽は藪の中の二羽に値する ………………… 59
　　　　コラム─ことわざの数量表現 ………………………………… 76

第5章　簡単に来るものは簡単に去る ……………………………… 77
　　　　コラム─ことわざのレトリック ……………………………… 96

第6章　終わりよければすべてよし ………………………………… 97
　　　　コラム─ことわざの未来 …………………………………… 112

英語ことわざ索引 …………………………………………………… 113
日本語訳ことわざ索引 ……………………………………………… 115
参考文献 ……………………………………………………………… 117

第1章

きしる車輪は油をさされる

〔1〕 The squeaky wheel gets the grease.

きしる車輪は油をさされる

【意味】不満があるときは、はっきり口にすると要求が実現される。逆に、問題があるのに黙っていて声を上げなければ、放置されてしまう。

【用法】squeaky は squeaking ともいう。サービスや労働条件などに不満がある場合は、がまんしないで明確に意思表示すべきだという文脈で用いる。

【ポイント】車輪がギーギーと不快な音を出せば、すぐ潤滑油がさされる。この比喩がおおむね肯定的に用いられることに注意したい。日本では、「出る杭は打たれる」といって言動を控えたり、「以心伝心」で言葉ではっきりいわずに気持ちを察してもらおうとするが、英語のコミュニケーションでは、まず自分の意思を明確に示すことが求められる。

【用例1】John: Your fish is half-cooked, isn't it? Keiko: It certainly is. John: Why don't you complain and ask for another one? Modesty is not always good. The squeaky wheel gets the grease.（ジョン「君の魚、生焼けじゃない？」ケイコ「そのとおりよ」ジョン「なぜ、苦情を言って出し直させないの？　遠慮も時によりけり。きしる車輪が油をさされるんだよ」）

【用例2】I have heard your complaint about your work. Though I sympathize with you, I can't understand why you don't do anything about it. The squeaky wheel gets the grease.（君の仕事についての不満を聞いてきて同情はするけれど、どうして何もしないのか理解できないね。きしる車輪は油をさされるんだぜ。）

第1章　きしる車輪は油をさされる

〔2〕 Still waters run deep.

静かな淵は深い

【意味】水音をたてずに静かに流れている川が深いように、無口で穏やかな人には意外に激しい感情や深い知恵があり、時には狡猾さを秘めていることもある。

【用法】人は見かけによらず、口数が少ないから穏やかな人であるとか鈍い人だと簡単に決めつけることはできない。静かな人ほど、むしろ内に秘めたものは並外れたものがあるのでは、という気持ちで、場合によっては何を考えているかわからないという警戒感とともに使われる。

【ポイント】この種のことわざは、あらかじめ意味を知っていなければ、その場で理解しようとしてもなかなかうまくいかない。含みのある比喩で、むしろ具体的な結論を明示しないことによって印象が強められている。

【参考】ドイツ語やオランダ語など、他のヨーロッパの言語にも同じような表現がある。

【用例1】Fred: I don't know Joe's background. He never says anything about himself. Tom: There is something odd about him. Still waters run deep.（フレッド「ジョーの経歴はわからない。やつは自分のことをまったく話さないんだ」トム「彼にはちょっと変わったところがあるね。静かな淵は深いよ」）

【用例2】Ellie was quiet and had a very clear head in her childhood. Her success in academia is the natural result. Still waters run deep, you know?（エリーは小さい時からもの静かで、とても頭がよかった。研究者として成功したのも当然の結果だね。静かな淵は深いんだね。）

[3] No news is good news.

　　便りがないのはよい便り

【意味】しばらく本人から連絡がないのは、さほど大きな困難に直面していないせいで、むしろ安心してよい。

【用法】便りがないので何か問題が起きたのではないかと心配する関係者に対し、たいへんなことがあればすぐ連絡があるはずだから、そんなに心配することはない、と慰める場合が多い。

【ポイント】　便りがなければ心配になるのが人情だが、ことわざは逆転の発想で不安を鎮めてくれる。簡潔で、響きもよい。

【参考】英語教育を通じて日本語に入り、明治後期に現在の形で定着したものと思われる。

【用例1】Beth: Have you heard anything from Jane? She went to Paris for sightseeing three months ago, but she hasn't called me since then. Ted: No, I've heard nothing from her. But don't worry; No news is good news.（ベス「ジェインから何かいってきた？　3カ月前に観光でパリに出かけて、それっきり電話も来ないの」テッド「いや、僕は何も聞いてないよ。でも、心配することはないさ、便りがないのはよい便りだよ」）

【用例2】Mother: Hello Ellen. How are you getting along? Ellen: No problem, everything is going well. Mother: Although I guess no news is good news, I still want to hear your voice sometimes.（母「エレン、この頃どうしてるの？」エレン「まったく問題なしよ、万事うまくいっているわ」母「便りがないのはよい便りと思っているんだけど、時々お前の声が聞きたくてね」）

[4] There's no smoke without fire.

火のないところに煙は立たない

【意味】世間の噂の背後には、その源となる何らかの事実があるというたとえ。真実の一端がないのなら、噂が立つこともないはずである。

【用法】冒頭の There's は省略し、No smoke without fire としてもよい。また、Where there's smoke there's fire (煙があるところには火がある) ともいう。噂がすべて真実とはかぎらないが、その裏には噂の元になる何らかの事実があるに違いない、という文脈で用いられる。

【ポイント】日本語でも、よく「火のないところに煙は立たない」といい、比喩的な意味も変わらない。じつは幕末にオランダ語と英語から入ってきたもので、いまではすっかり定着し、まったく西洋由来の表現と意識されずに使われている。ことわざは言語文化の粋といえるが、インタナショナルな要素を併せ持っていて、言語や民族の枠を越えていくところに注目したい。

【用例】 I happened to hear a rumor that the company was in trouble with some of its customers. Although I don't know if it's true or not, we must check on that as soon as possible and watch the company's reaction for a while. There's no smoke without fire. (例の会社が消費者ともめているという噂をたまたま耳にしたよ。噂が本当かどうかはわからないけれど、われわれは速やかにこの件を調査し、会社側がどう対処するか当分注視しなくてはならない。火のないところに煙は立たないからね。)

〔5〕 One picture is worth a thousand words.

　　1枚の写真は千の言葉に値する

【意味】絵や映像は、言葉や文章よりもはるかに効果的に情報を伝える。

【用法】One picture は A picture といってもよい。言葉ではなかなか伝えきれないものでもイラストにすると簡単にわかったり、1枚の写真が多くの文章以上に大きな衝撃を与えたときなどに用いられる。

【ポイント】picture は、写真だけでなく、絵やイラストなども表す。したがって日本語に訳す場合は、状況に応じて適切な訳語を選ぶ必要がある。

【参考】1910年代になると、新聞に写真がよく掲載されるようになってくる。その後広く使われるようになったことわざである。

【用例1】A photograph of the injured children gave the world a great shock. Most people have learned about the tragedy in today's paper. One picture is worth a thousand words.（負傷した子どもたちの写真が世界に大きな衝撃を与えた。多くの人々が今日の新聞で悲劇を知ったのだった。1枚の写真は千の言葉に値する。）

【用例2】I've researched about "craniophor." Though I found its definition in dictionaries, I could hardly imagine its shape. Then I found an illustration of one, and I think it's true that a picture is worth a thousand words.（私はクラニオフォール（頭蓋支持具）について調べていた。辞典で定義はみつけたけれど、その形がまったく思い浮かばなかった。その後、これを描いた一枚のイラストに行き着いたとき、「一つの図は千の言葉に値する」というのはまさに真実だと思った。）

第1章　きしる車輪は油をさされる

〔6〕 Actions speak louder than words.

行動は言葉よりも大きく響く

【意味】人は、口でいうことよりも、実際に何をするかによって評価される。大切なのは言葉よりも行動である。

【用法】もっともらしいことを口にするが実行しない人に対して、そんなことでは信頼は得られない、と行動をうながすことが多い。また、自分が行動に一歩踏み出そうとするときに想起したり、口にすることもある。

【ポイント】ふつうは言葉が大きな声を発し、行動は声を出さないと思ってしまうが、常識とは逆の表現によって印象深いものとなっている。

【用例1】Sister: You always say that you love our mother and respect her. But you haven't visited her for quite a long time. Brother: Sorry. I'm too busy now. Sister: Come and see her as soon as possible. Actions speak louder than words. （妹「兄さんは、いつもお母さんを愛し、尊敬していると言っているくせに、もうかなり長い間会いに来てくれていないわ」兄「ごめん、最近忙しくてね」妹「できるだけ早く顔を見せてちょうだい。行動は言葉よりも大きく響くのよ」）

【用例2】Teacher: Ted, why do you come late for school so often? Ted: I'm sorry. It's the last time that I'll come late. Teacher: Are you really sorry? Actions speak louder than words, you know. （先生「テッド、君はどうしてこんなにしょっちゅう遅刻するんだい？」テッド「すみません。今回が最後で、もう二度と遅刻しません」先生「君は本当にすまないと思っているのかい。口で言うよりも、行動が大きく物を言うんだぞ」）

〔7〕 Bad news travels fast.

悪しきニュースはすぐひろまる

【意味】不幸な出来事や悪い噂は、よい話とはくらべものにならないくらい早く世間にひろまる。

【用法】知らないはずの人にまで、短時日に話がひろまっているのを知ったときなどに、驚きを込めていうことが多い。「悪事千里を走る」に通じる。

【参考】古くは Ill news comes apace といった。昔から善いことよりも悪いこと——事件やスキャンダルに世間の関心が集まるのはたしかだろう。そして、その噂話があっという間にひろまるのも、古今東西を問わない。

【用例1】Ann: Are you all right? I heard you were involved in an accident on your bicycle. Bob: Thank you. I fell and got only a few scratches on my arm. How did you find out so soon? Ann: Bad news travels fast. Beth saw the accident and sent me an e-mail.（アン「だいじょうぶ？　自転車で事故にあったって聞いたわ」ボブ「ありがとう。落っこちて腕にかすり傷を負っただけさ。でも、どうしてそんなに早くわかったんだい？」アン「悪いニュースはすぐひろまる。ベスが見ていて、私にメールしてくれたの」）

【用例2】In such a country town most people worry about the sudden fall of the stock market. Bad news travels fast.（こんな田舎町でも多くの人が株価の暴落のことを心配している。悪いニュースはたちまち伝わるんだね。）

第1章　きしる車輪は油をさされる

〔8〕 People who live in glass houses shouldn't throw stones.

ガラスの家に住む者は石を投げてはならない

【意味】　弱点をかかえている者が他人を非難してはならないことのたとえ。弱みがあると、反撃されたときに自分の身がもたないことを示唆する。

【用法】　who は those ともいう。また、簡略化して People in glass houses でもよい。特に同じように弱点をかかえている人が、自分のことを棚に上げて他人を批判するのに対し警告する場合に使われる。なお、Throw [casts] stone は、非難する意の成句として比喩的に使われる。

【参考】現代のガラスは簡単に割れないように強化されているが、かつてのガラスはきわめて脆く、石が当たればたちまち粉々に砕けるものであった。

【用例1】 Tom: Phil is a heavy drinker and he often criticizes his friends too strictly while drinking. Monica: People who live in glass houses shouldn't throw stones. You're also heavy drinker and sometimes sarcastic while drinking.（トム「フィルは大酒飲みで、飲むとよく友だちのことを辛辣に批判している」モニカ「ガラスの家に住む者が石を投げちゃだめよ。あなたも酒飲みで、飲むと時おり皮肉をいってるわ」）

【用例2】 Rick is quick-tempered. He gets angry at the merest trifle. But I can't criticize him, since I do, too. People who live in glass houses shouldn't throw stones.（トムは短気だ。ちょっとしたことにすぐ腹を立てる。だけど、声高に批判はできない。というのも私も短気だから。ガラスの家に住む者は石を投げてはいけないんだ。）

[9] Don't judge a book by its cover.

表紙で本を判断するな

【意味】表紙だけ見ても本の内容がわからないように、見かけだけでは中身まで判断することはできない。

【用法】人物について「人は見かけによらない」という場合が多いが、他のものについても比喩的に用いることがある。

【ポイント】You can't tell a book by its cover（本は表紙で語れない）ともいう。ことわざは定形表現の一種だが、この程度までは異形（バリエーション）の範囲内といってよいだろう。どちらかを内容的にきちんと理解していれば、他の形で出てきても、その場で十分対応できよう。

【参考】比較的新しいことわざで、カラフルなペーパーバックが大量に登場した20世紀後半からよく使われるようになった。

【用例1】Though he is rather poorly dressed, he always works seriously. Don't judge a book by its cover.（彼は服装がちょっとみすぼらしいけど、いつも真面目に働いている。表紙で本を判断しちゃいけないよ）

【用例2】Ellen: This old town is calm and kept clean. I think that the inhabitants should be quite agreeable. Hans: Hum, don't judge a book by its cover. The inhabitants of old towns are sometimes quite uppity and exclusive.（エレン「この古い町は静かで、きれいね。住んでいる人も感じがいいに違いないわ」ハンス「ふーん、表紙で本を判断しちゃだめだ。古い町の住民は高慢で排他的なこともままあるからね」）

第1章　きしる車輪は油をさされる

〔10〕All that glitters is not gold.

輝くものが金とはかぎらない

【意味】金（黄金）のように光り輝いているからといって、すべてが金とはかぎらない。外見が華やかで魅力的なものが必ずしも価値のある本物とはいえない。

【用法】All is not gold that glitters ともいう。見かけに惑わされるなということで、暗にだまされないように警告する場合に多く使われる。

【参考】中世ラテン語に由来する古いことわざで、ヨーロッパの多くの言語でほぼ同じ表現が使われている。ちなみに、金は古代から高価な貴金属とされてきたが、イミテーション（まがい物）や不純物を多く含むものも少なくなかった。

【用例1】Though he is popular among young people as an actor/writer, I have some doubt about his talent as a novelist. All that glitters is not gold.（彼は若者に人気のある俳優で作家でもあるけれど、小説家としての才能は、私にはいささか疑問だね。輝くものが金とはかぎらないよ。）

【用例2】Yoshiko: I am pleased with this apartment. It's roomy and fashionable. I would like to move here. Ken: I don't think so. The neighborhood environment is squalid and noisy. All is not gold that glitters.（ヨシコ「このマンションが気に入ったわ。ゆったりしていて、しかもファッショナブル。私はここに引っ越してきたい」ケン「いや、僕はそうは思わない。周囲の環境がごみごみしていて、うるさいよ。輝くものがすべて金とはかぎらないのさ。」）

〔11〕Every cloud has a silver lining.

どの雲にも銀の裏地がある

【意味】黒い雲の縁が銀色に輝いてみえるように、どんなに悪い状況でもどこかに必ず希望がある。不幸な出来事のなかにも、わずかながら未来につながる光明を見出すことができる。

【用法】苦境におちいった人を励ましたり、苦難のなかで自ら気を取り直して新たな可能性を探ろうとするときなどに用いられる。

【ポイント】空に黒雲がかかり太陽の光がさえぎられると、暗い気持ちになったり不幸や苦難を連想するのは、どの言語でも変わらないようだ。先行き不安な状況の中にも希望を見出そうとし、抽象的な理屈ではなく、詩的な情景描写によって明るい未来を感じさせ、印象深いものになっている。

【用例1】Since my leg was fractured while skiing, I had to rest in bed for three weeks. But it is true that every cloud has a silver lining. I had free time to read various novels to my heart's content.（スキーで脚を骨折したため、3週間はベットで安静が必要でした。しかし、どの雲にも銀の裏地があるというのは本当ですね。私は小説を思いのままに読める自由時間を得たのです。）

【用例2】Once George fell the entrance exam of the University and went abroad for a year. While wandering around Europe he had much free time to find his life's career. Every cloud has a silver lining.（かつてジョージは大学入試に失敗し、外国へ一年行った。ヨーロッパを放浪し、十分に時間をかけて彼は一生の仕事を見つけてきた。どの雲にも銀の裏地があるということだ。）

第 1 章　きしる車輪は油をさされる

〔12〕 The first step is always the hardest.

最初の一歩はいつだって最も困難だ

【意味】新たなことに取り組もうとすると、ともかく最初の段階がいちばん難しい。

【用法】事業を始めたばかりで苦労している人を励ましたり、ここを乗り切れば未来が拓けるとみずからに言い聞かせるときに用いる。

【ポイント】ふだん一歩あゆむのは何でもないが、比喩的に新しい世界へ一歩踏み出すとなると、容易なことではない。当たり前のようだが、体験を積むほど実感のわいてくることわざといえよう。

【参考】Well begun is half done（始めよければ半分できたも同じ）ともいう。ただし、もちろん、最後も大切で、ことわざは All's well that ends well（終わりよければすべて良し、p.111）という。

【用例1】Sandra: Your dream has come true. This restaurant is so pleasant and I've really enjoyed the nice dinner. Tony: Thank you. But it is not so easy to keep this restaurant going. We need to get more popular in this district. Sandra: I understand your situation. The first step is always the hardest.（サンドラ「あなたの夢が実現したのね。このレストラン、感じがよくて、ディナーもおいしかったわ」トニー「ありがとう。でも、続けるのは容易じゃない。この地域でもっと知名度をあげる必要がある」サンドラ「わかるわ。最初の一歩がいちばんたいへんなのね」）

【用例2】Though I got bad marks in Chinese at school, I will never give up studying it. I believe that "the first step is always the hardest."（学校で中国語の成績はひどかったが、私は決してあきらめずにこれからも学んでいく。「最初の一歩がいつだって最も困難だ」と、私は信じているのだ。）

コラム——ことわざと proverb

　英語を熱心に学んできた読者は、「ことわざ」といえば proverb、逆に proverb といえば「ことわざ」を直ちに思い浮かべるだろう。実際に、「溺れる者は藁をもつかむ」「鉄は熱いうちに打て」など、英語の proverb から翻訳されたものが日本語の「ことわざ」として定着した例も少なからずある。

　しかし、「ことわざ」と proverb が完全にイコールかというと、必ずしもそうはいえない。両者の実態をみると、主要部分は重なるものの、部分的には微妙にずれるところもある。たとえば、日本語では「一石二鳥」を「ことわざ」とみなしているが、その源泉となった英語の kill two birds with one stone は一般に proverb とされず、proverbial phrase（ことわざ的成句）とするのがふつうだろう。英語では、文の形式がととのっていることが、ある程度 proverb の必要条件の一つとされているようである。

　また、日本語では「恐れ入谷の鬼子母神」なども伝統的に「ことわざ」に分類することが多いが、英語では wordplay（ことば遊び、しゃれ）になるだろう。さらに、天候に関する「ことわざ」も、英語では proverb に入れないことが多いようだ。

　ちなみに、proverb はラテン系の語で、かつては知識人の語彙であり、Proverbs は旧約聖書の「箴言」をさす。こうした文化的な背景もあって、proverb は、「ことわざ」よりも範囲がやや狭く、教訓的色彩がいくぶん濃いのではないだろうか。

　英語では proverb の類語に saying があり、後者は日本語の「たとえ」（ことわざの異称）や「言いならわし」のように庶民的な響きがある。二つを一緒にした proverbs and sayings という表現もあり、これが「ことわざ」の実態に近いのかもしれない。

第 2 章

早起きの鳥は虫を捕える

[13] The early bird catches the worm.

　　早起きの鳥は虫を捕える

【意味】朝早くから起きて仕事をする人は成功する。また、好機に人に先んじて精力的に行動する人は成果を上げる。

【用法】早起きして朝から働くことを称賛するものだが、現代では、特に朝にこだわらず、素早く人に先んじることが成功につながるという文脈で使われることもある。

【ポイント】これに相当する日本のことわざとして「早起きは三文の得」がよく挙げられる。しかし、日本のものが朝早くから起きること自体を評価するのに対し、英語のものは必ずしも朝にこだわらず、用法に微妙な違いがあることに注意したい。ちなみに、early bird は、朝早く起きる人だけでなく、いつも約束の時間よりも早く来る人をさす成句としても使われている。

【用例1】Customer: I am always impressed with your prompt response. The early bird catches the worm. Manager: Not at all. It's one of our basic rules of customer service.（客「君の迅速な対応にはいつも感心するよ。早起きの鳥は虫を捕まえるね」支配人「いえいえ、すぐお応えするのは私どものサービスの基本です」）

【用例2】Lucy: If you like Linda sincerely, you should confess your true feelings to her as soon as possible. The early bird catches the worm. Tom: Yeah, I'll follow your advice.（ルーシー「リンダのことが本当に好きなら、あなたの気持ちをなるべく早く告白すべきよ。早起きの鳥が虫を捕まえるんだから」トム「そうだね、君のアドバイスどおりにするよ」）

第2章　早起きの鳥は虫を捕える

〔14〕Early to bed and early to rise, makes a man healthy, wealthy and wise.

早寝早起きは人を健康で豊かに、かつ賢くする

【意味】早寝早起きで勤勉な生活をすれば、心身ともにすこやかになり、経済的にも豊かで、知恵のある人物になる。

【用法】夜は早く寝て、朝は早くから起きる規則正しい真面目な生活を勧める。とてもよく知られているので、前半を口にするだけで多くの人が後半を想起できる。

【ポイント】bed は名詞ではなく、寝る意の自動詞。ことわざとしては比較的長い表現だが、前半で early to ... を繰り返し、後半で healthy, wealthy と脚韻を踏み、最後は wealthy と wise で語頭の w 音をそろえて、口調がよく、記憶しやすい。ことわざは口承文芸で、口伝えされるものだから、音韻やリズムが重要な役割を果たしている。

【用例1】Patty: Grandma, are you going to bed? It's before eight. Grandma: Yes, I always go to bed at eight and rise around three. Early to bed and early... Patty: ...to rise, makes a man healthy, wealthy, and wise. Grandma: That's right.（パティ「おばあちゃん、もう寝るの？　まだ8時前よ」祖母「そう、いつも8時に寝て3時頃に起きるの。早寝早……」パティ「早起きは人を健康で豊かに、かつ賢くする」祖母「そのとおりよ」）

【用例2】It's around nine o'clock. I must be going now. I believe in "Early to bed and early to rise..." Good night.（もう9時を回るのね。お暇しなくちゃいけないわ。私は、「早寝早起きは…」を信じているんで、お休みなさい。）

[15] An apple a day keeps the doctor away.

　　　一日一個のリンゴは医者を遠ざける

【意味】毎日リンゴを1個食べていれば、健康に過ごすことができ、医者にかからずにすむ。

【用法】英米で広く知られる養生訓で、健康法として一般に信じられ、体調がすぐれない人にリンゴを食べることを推奨するためによく引かれる。

【参考】欧米では、リンゴが長期間保存でき、特に冬のビタミンC源になるので、大切な果物とされてきた。

【用例1】Fred: I feel rather weak and have a poor appetite today. I am going to see my doctor tomorrow. Mother: You have been eating too much junk food, haven't you? You should take an apple in your lunch. An apple a day keeps the doctor away.（フレッド「どうも体がだるいな、今日は食欲もないし。明日お医者さんに行ってくるよ」母親「ジャンクフード（高脂肪で砂糖や塩分が多く、ビタミンやミネラル、繊維質の少ない食品）の食べすぎじゃないの？　ランチにリンゴを食べなさい。一日一個のリンゴは医者を遠ざけるわ」）

【用例2】Don't you know that an apple a day keeps the doctor away? The proverb is not necessarily almighty. But I recommend you to eat an apple rather than take a vitamin tablet, since it's natural and delicious.（一日一個のリンゴが医者を遠ざけるって、知らないの？　ことわざがいつも正しいとはかぎらないけど、ビタミン剤を飲むよりも、私はリンゴを食べることを勧めるね。ナチュラルで、美味しいんだから。）

第2章　早起きの鳥は虫を捕える

〔16〕 Hunger is the best sauce.

空腹は最高のソース

【意味】お腹が空いていると、どんな食べ物でもとてもおいしく食べられる。

【用法】誰もが実感できることだから、状況に応じ自分が感じたとおりに使ってよい。

【ポイント】日本語のことわざでは、「ひもじい時にまずいものなし」という。おおむね同じことだが、文の形式として、日本のことわざが否定形であるのに対し、英語のものは肯定形になっていることに注目しよう。日本語と英語の発想の微妙な違いが端的に表れた例といえる。

【用例1】Jeff: I enjoyed the nice sandwiches. I think it's the most delicious food in the world. You are a good cook. Annie: Thank you. But any food tastes good after hiking. Hunger is the best sauce. (ジェフ「おいしいサンドイッチをいただきました。世界一のご馳走だったよ。君は料理上手だね」アニー「ありがとう。でもハイキングの後は何でもおいしいわ。空腹は最高のソースよ」)

【用例2】I remember the taste of the blackberries, which I picked in my youth. They taste rather sour now. But I felt they were very delicious at that time, when we were always hungry. Hunger is the best sauce. (若い頃に摘んだブラックベリーの味を思い出すね。いまではちょっと酸っぱいけれど、いつも皆お腹を空かせていた時代には、とてもおいしかった。空腹は最高のソースだよ。)

〔17〕You cannot have your cake and eat it too.

　　ケーキは食べるか取っておくか、どちらかだ

【意味】ケーキは、食べてしまって、しかも取っておくというわけにはいかない。現実にそんな虫のよいことはありえず、どちらか二者択一で選ぶしかないことのたとえ。

【用法】末尾の too は、なくてもよい。You cannot eat your cake and have it too と語順を変えても同じことで、いずれせよ、どちらか選ぶしかないという文脈で用いられる。

【ポイント】冒頭の You は、形式をととのえるための主語で、特に日本語にする意味はない。ばかばかしいようだが、人間は矛盾した存在で、相反する欲求の間で悩むことがままある。そんな凡人の悩みをわかりやすいたとえで、一刀両断にしてくれることわざである。

【用例1】Lisa: I'd like to reduce my weight in the near future. But I can't stop drinking beer in the evening. Beth: Oh, don't you know that you cannot have your cake and eat it too?（リーサ「すぐにも体重を落としたいと思ってるの。でも、私は夕方のビールがやめられなくて」ベス「あら、ケーキは取っておくか食べるか、どっちかだってこと、知らないの？」）

【用例2】Teddy has saved money to set up his company in the future. He also borrowed money from the bank to buy rare cars. He is a maniac collector. I think he cannot eat his cake and have it, too.（テディは将来、会社を設立するために貯金している。なのに、銀行から借金して、レアカーを買っているんだ。マニアックなコレクターなのさ。ケーキを食べてしまって、しかも取っておくのは不可能だと思うけど）

第 2 章　早起きの鳥は虫を捕える

〔18〕 The proof of the pudding is in the eating.

プディングの良し悪しは食べればわかる

【意味】プディングの味が食べなければわからないように、何でも体験してみなければ本当のところはわからない。また、もっともらしい理屈も実地に試してみなければ正しいかどうかわからない。

【用法】「論より証拠」と同様に、理屈に対し事実をもって反論するときの前段として引かれる。しかし、現代では、比較的軽い意味で、ともかく体験してごらんと勧める用法も少なからず認められる。さらに、これを踏まえて The proof is in the pudding（成否はプディングにあり）とするもじりも使われる。

【ポイント】proof は証明ではなく、品質試験の意。その場の話題と直接関連のないプディングを持ち出すことによって、ユーモアが生じている。

【参考】プディングは、英国などの伝統的な蒸しもののデザートないし副菜で、砂糖で甘みをつけないものも多い。日本でプリンと呼ぶカスタード・プディングのほか、ヨークシア・プディングなど、さまざまな種類がある。

【用例 1】Bob: Let's go bowling tonight! Kate: Bowling is not my thing. I've never had any interest in it. Bob: You're so active and well balanced that you'll enjoy it. The proof of the pudding is in the eating.（ボブ「今夜はボウリングに行こう」ケイト「ボウリングは苦手よ。ぜんぜん興味ないわ」ボブ「君は活発だし、バランス感覚もいいから、十分楽しめるよ。プディングの味は食べてみなきゃわからないさ」）

〔19〕 Too many cooks spoil the broth.

料理人が多すぎるとスープがまずくなる

【意味】仕事をする人が多すぎると、方針が一貫せず、とんでもない結果になりかねないことのたとえ。

【用法】同じ仕事に多くの人が参加しようとするときに、人手は十分だからと制止して言うことが多い。また、仕事の進め方で多くの人が口を出して、なかなか進展しないのを批判することもある。

【ポイント】日本の「船頭多くして船山に上る」に類似するが、英語のことわざは指図する人のことだけを問題にしているわけではない。英語は、軽いユーモアの感じられる表現で、当人の前でもはっきり口にしやすい。

【参考】broth は英国の伝統料理で、肉を煮て作る薄めのスープ。

【用例1】Betty: Can Jane and I be of help to you? Sandra: Don't worry. Just stay where you are. Too many cooks spoil the broth.（ベティ「ジェーンと私でお手伝いしましょうか？」サンドラ「だいじょうぶ。そのまま座ってらして。料理人が多すぎるとスープがまずくなるわ」）

【用例2】President: Concerning the new project, is everything going well? Staff A: There are several issues to resolve immediately. But it takes so much time to arrive at the conclusion. President: Frankly speaking, too many cooks spoil the broth.（会長「新しいプロジェクトは順調に進んでいるかい？」スタッフA「早急に決断すべき問題がいくつもありますが、結論を出すまでにかなり時間がかかっています」会長「端的にいうと、船頭多くして船山に上るということだね」）

第2章　早起きの鳥は虫を捕える

[20] Many hands make light work.

多くの手が仕事を軽くする

【意味】人手が多ければ仕事は楽になり、さっさと済ませられる。多くの人が協力すれば仕事は早く終わる。

【用法】みんなでやれば早く終わる作業について、協力して一緒にやりましょうというときに、よく使われる。

【ポイント】まったく逆の意味のことわざに、Too many cooks spoil the broth（料理人が多すぎるとスープがまずくなる、前ページ参照）がある。ことわざには、このように一見相反するものがままある。どちらかがいつも絶対に正しいというわけではなく、状況に応じて柔軟に対処することが必要となる。

【用例1】Jane: Oh! After a home party I have always a lot of dishes to wash. Tony: Don't worry. Of course all of us are willing to help you. Many hands make light work.（ジェイン「あーあ！　ホームパーティの後は、いつも私が食器の山を洗わなくちゃいけないんだから」トニー「だいじょうぶ。もちろん、私たちみんなで喜んでお手伝いします。手が多ければ仕事は楽になりますよ」）

【用例2】It's only six o'clock. Thanks to all of your help we have harvested great deal of sweet corn before sunset. Many hands make light work.（まだ6時だわ。皆さんが手伝ってくれたおかげで、日暮れ前にたくさんトウモロコシを収穫できました。多くの手が仕事を軽くしてくれるんですね。）

〔21〕 Too many chiefs and not enough Indians.

　　　幹部が多すぎてインディアンが足りない

【意味】指図する人間ばかり多くいて、指示にしたがって実際に働く者がほとんどいないことのたとえ。

【用法】スタートしたばかりのプロジェクトや委員会などで、発言する者は多いが、実際に働き始める体制がまだととのっていないときなどに使われる。

【ポイント】このことわざが現在も使われていることは、アメリカ文化の中に、無意識にせよインディアン（アメリカ先住民）を差別し、服従するのが当然とみる偏見が根強く残っていることを示唆している。いわばことわざの負の遺産だが、インディアンについては The only good Indian is a dead Indian（よいインディアンは死んだインディアンだけ）という表現もあり、後者は同じ言い回しで、名詞を換えて黒人や日本人に対しても使われてきた。アメリカ文化をトータルに把握するためには、この種のことわざも知っておく必要があるが、同時に批判精神を失わず、差別に加担しない意思を明確にしておきたい。

【用例】The new committee will hardly bring the expected results in the near future. Among its members there are too many chiefs and not enough Indians.（新しい委員会が、近い将来、期待に応える成果をもたらすことはないだろう。顔ぶれを見ると、幹部ばかり多すぎてインディアンが足りないからだ。）

第2章　早起きの鳥は虫を捕える

[22] Don't change horses in midstream.

　　川の中で馬を換えるな

【意味】馬に乗って川を渡ること自体たいへんなのに、その最中に馬を換えるのは無用の危険をおかすことになる。重大な局面で、基本方針や指導者を換えるべきではない、というたとえ。

【用法】指導者などを換える必要があるとしても、いまはその時機ではないというニュアンスで用いられる。主に人について使われるが、基本的な方針などについて使うこともある。

【参考】1864年、南北戦争のさなかにリンカーン大統領が再選を訴えるなかで、オランダ人農夫から聞いたことばとして引用したことから、広く知られるようになった。

【用例1】Though the president wants a new director of the museum, I am opposed to his proposal. We are going on with the project of Museum Renaissance and the present director is its leader. Don't change horses in midstream.（総長は新たに博物館長を選任する意向だけど、私はその案に反対だね。いま私たちは博物館ルネッサンス・プロジェクトを進めていて、いまの館長が牽引者なんだ。川の中で馬を換えちゃいけない。）

【用例2】Ben: I should complete my graduate thesis by the end of the next month. But I am impatient to write a novel. Ann: No. Don't change horses in midstream.（ベン「来月末までに卒論を仕上げなきゃいけないんだけど、どうしても小説が書きたくなっちゃった」アン「だめよ。川の中で馬を乗り換えちゃ」）

〔23〕Necessity is the mother of invention.

必要は発明の母

【意味】本当に必要にせまられると、なんとか工夫して解決法を見つけるものである。また、必要があるからこそ、工夫して発明が生まれる。

【用法】特許を取るような発明とかぎらず、むしろ日常生活のなかで困ったときのちょっとした工夫について使うことが多い。

【ポイント】明治初期に英語から日本語に入り、やがて「必要は発明の母」の形で定着した。しかし、近代の日本では「発明」といえば直ちに特許や高度の技術を連想しがちなので、このことわざの幅が狭められていることに注意したい。文脈によっては、「窮すれば通ず」と訳すことも考えてよい。

【用例1】Because of isolation by floods, we got into a panic. We had nothing to inform anyone of our emergency. At that time suddenly a good idea struck me; we could arrange desks on the ground to form the shape of "HELP". Necessity is the mother of invention.（洪水で私たちは孤立してしまい、パニックに陥った。緊急事態を知らせようにも、その手段がまったく何一つないのだった。そんなときに、突然、あるアイディアがひらめいた。グラウンドに机を並べて「ＨＥＬＰ」の形にすればよい、と。窮すれば通ずだ。）

【用例2】Kate: Do you have a bottle opener? Fred: No problem. I'll open the bottle with a metal fitting of my desk. Kate: Great! Necessity is the mother of invention.（ケイト「栓抜きある？」ボブ「だいじょうぶ。机についてる金具で開けられるよ」ケイト「すごい！必要は発明の母ね」）

第2章　早起きの鳥は虫を捕える

[24] Practice makes perfect.

実践が完成させる

【意味】どんな技芸でも本当に自分のものにするには、理論だけでなく、実際に繰り返し練習して習得するしかない。実地の経験を積むことで技能はたしかなものになる。

【用法】なかなか上達しない人を励ましたり、技能を身につけるコツを教えるときによく用いられる。「習うより慣れよ」とほぼ同じと思ってよい。

【ポイント】practice は、theory（理論）に対する実践であり、また練習も意味する。語頭の p の繰り返しで覚えやすい。

【参考】「習うより慣れよ」は日本語固有の表現だが、この英語のことわざの定訳にもなっている。

【用例1】I became the apprentice of a ceramist at fifteen. I learned his skill by watching and following his work since then. After all, practice makes perfect.（私は15歳で陶芸家に弟子入りし、それからずっと師匠の仕事を見様見まねで学んできました。結局、習うより慣れよですね。）

【用例2】Carol: I have no talent for music. I am not going to take violin lessons any more. Alan: Take it easy. Every musician was once a beginner and made so many mistakes. Practice makes perfect.（キャロル「私には音楽の才能がないの。バイオリンを習うのはもうよすわ」アラン「のんびりやればいいよ。どんなミュージシャンだって最初はみんな初心者で、たくさんミスもしている。練習を重ねて本物になるのさ」）

[25] Two heads are better than one.

二つの頭は一つにまさる

【意味】一人で考えるよりも、誰かに相談したほうがよい。一人で仕事をするよりも、二人で協力するほうがよい結果が得られる。

【用法】何かで行き詰まったときや不得意な問題を前にして、他の誰かの協力を求めるときによくいう。また、二人が協力して、首尾よく問題が解決したときの感慨を表すこともある。

【ポイント】日本では「三人寄れば文殊の知恵」というが、英語のことわざでは三人で知恵を合わせるような表現は見当たらない。どうやら英語では、どちらかというと二人が高く評価され、三人はあまり評価されないようだ。

【参考】ことわざに登場する「数」は、数学の数とは別の象徴的意味を帯びることがある。その意味合いも言語や民族によって微妙な差異があって興味深い（コラム「ことわざの数量表現」、p.76 参照）。

【用例1】Annie: Please help me solve this puzzle. It's quite difficult for me. Beth: Why me? I am no good at such puzzles. Annie: Two heads are better than one.（アニー「このパズル解くの手伝って。私にはとても難しいの」ベス「えっ、私が？　こういうパズル、苦手よ」アニー「二つの頭は一つにまさるわ」）

【用例2】Thank you so much for your candid comments regarding my paper and useful suggestions for my research. You remind me of the old proverb: Two heads are better than one.（拙論について率直なご意見と研究の上で有益な示唆をいただき、深く感謝します。お蔭様で、二つの頭は一つにまさるという古いことわざを私は思い出しました。）

第2章　早起きの鳥は虫を捕える

〔26〕 Misery loves company.

不幸は仲間を愛す

【意味】①不幸な人は自分と同じような境遇の人を見つけて、互いに同情し合う。②不幸なことは立て続けに起こる。

【用法】擬人法で、①は日本のことわざ「同病相憐れむ」（同じ病気にかかった人どうしだけでなく、同じ悩みをかかえている人についてもいう）とほぼ同じ感覚で、よく使われる。②は、辛い話を聞いて自分も辛くなったような場合や、不幸な出来事が続いて起こったような場合に使われる。

【ポイント】ことわざはきわめて短いため、複数の解釈がなされる場合がある。このことわざはその一例で、二つの意味・用法があり、一方だけと思い込まないように注意したい。

【参考】古いことわざだが、今日ではイギリスよりもアメリカで盛んに使われているようだ。

【用例1】Jane felt relieved while talking with Helen. Both of them were stressed taking care of their babies. Misery loves company. （ジェインはヘレンと話して、ほっとした。二人とも乳児の子育てに悩んでいたのだった。不幸は仲間を愛するのである。）

【用例2】I visited my brother in the hospital two days ago. He had broken his leg. I have been sick since then. Probably I caught a bad cold at the hospital. Misery loves company. （私は二日前に兄を見舞いに病院へ行きました。兄は脚を骨折していたんです。それ以来、私はずっと体調が悪く、どうやら病院で風邪をひいてしまったようです。不幸は仲間を愛するんですね。）

〔27〕A friend in need is a friend indeed.

　　困ったときの友が真の友

【意味】本当に困ったときにも友情をもって接してくれる友こそ本当の友である。表面的な付き合いなのか、心から信頼できる友人なのかは、苦境になってはじめてよくわかる。

【用法】窮地におちいったときに以前と変わらぬ友情で助けてくれる友人に対し、感謝を込めていうことが多い。

【ポイント】A friend in need に一音違いの a friend indeed を並べて口調がよく、素朴だが、印象に残る表現となっている。

【参考】日本の英語教育の中にも明治後期から取り入れられてよく知られ、「まさかの時の友こそ真の友」などと訳されていた。なお、a friend in need は、このことわざを踏まえ、困ったときに助けてくれる友人を意味する成句として使われる。

【用例1】I respect Tony. When I was unemployed last year, most of my friends left without a word, but he kept me company as before, and sometimes encouraged me warmly. A friend in need is a friend indeed.（私はトニーを尊敬しています。昨年私が失業したとき、多くの友人は黙って遠ざかっていきました。けれども、彼は以前と変わらず付き合ってくれて、時おり温かく励ましてくれたのです。困ったときの友こそ真の友です。）

【用例2】When I was young I had many friends in my hometown. Among them Peter is real friend in need. He has been kind and faithful since childhood.（若い頃は郷里に多くの友人がいた。その中でもピーターこそ真の友人だ。彼は子どもの時からずっと親切で誠実だった。）

第2章　早起きの鳥は虫を捕える

〔28〕 Beggars can't be choosers.

乞食は選択者にはなれない

【意味】お願いしてやってもらう立場の人は、相手にあれこれ注文をつけるわけにいかない。

【用法】お願いして物品をもらったり、何か協力してもらう場合、多少の不満はあっても、とやかく言うべきではないという文脈で用いる。

【ポイント】beggarsと聞いて、すぐ頭に浮かぶのは「乞食」だが、(乞食ではない)「乞う人」(お願いする人)も意味し、そのダブル・イメージがことわざにある種のユーモアをもたらしている。たとえふだんは強い立場であっても、いったん相手に何かお願いすることになると、立場が逆転することを巧みにとらえた表現といえよう。翻訳では、このダブル・イメージを生かすのは困難で、ふつうは文脈によってどちらかの訳語を選び、必要な場合、注釈を加えることが多い。

【用例1】Rick: Would you lend me some money? Ted: OK! But I have only 200 dollars at my disposal. Is it enough? Rick: Sure. Beggars can't be choosers. Thank you so much. (リック「少しお金を貸してもらえませんか」テッド「いいよ、でも僕は200ドルしか余裕がないんだけど、それで足りる？」リック「だいじょうぶ。お願いする身でどうこう言えないよ。本当にありがとう」)

【用例2】I borrowed a French dictionary from Ben. Though it's old and rather dirty, I never complain about it. Beggars can't be choosers. (ベンからフランス語の辞書を借りた。古くて、ちょっと汚れてるけど、僕は絶対に不平を言ったりしないよ。乞食は選択者にはなれないんだから。)

[29] Don't look a gift horse in the mouth.

　　もらった馬の口を覗くな

【意味】人からもらった物のあら探しをしたり、値段がいくらするかなどと詮索してはならない。

【用法】何か物をもらった後で、もらい物にけちをつけたり余計な詮索をするのは失礼だから、そんなことをしてはならないという文脈で用いる。

【参考】馬は、かつては運搬や農耕、軍事などできわめて重要な役割を果たしており、かなり高価な資産であった。その馬の口を覗くといわれても、現在ではぴんとこないが、洋の東西を問わず博労(ばくろう)（馬の仲買人）が馬の価値を鑑定する有力な方法であった。馬の年齢は外見だけではよくわからないので、口を開かせ臼歯の減り具合を見て判定していたのである。

【用例1】Jill: George gave me a handbag as a present. But I don't like it, since it's entirely out of fashion. Mother: You must not complain. Don't look a gift horse in the mouth.（ジル「ジョージからバッグをプレゼントされたんだけど、私は気に入らないわ。まったく流行遅れなの」母「文句を言っちゃいけません。もらった馬の口を覗くな、よ」）

【用例2】Angela: I'm surprised that Jane gave me a special ticket for Kabuki theater free of charge. What do you think about her hidden motive? Ellen: Whew! Anyhow, Don't look a gift horse in the mouth.（アンジェラ「ジェインが歌舞伎の特別席のチケットをただでくれたんで驚いちゃった。どういう魂胆か、あなたはどう思う？」エレン「えーっ!? でも、ともかく貰い物にけちつけちゃだめよ」）

第2章　早起きの鳥は虫を捕える

〔30〕 Curiosity killed the cat.

好奇心は猫を殺した

【意味】（猫でさえ好奇心のせいで命を落としたのだから）むやみに他人のことに好奇心を抱いてはならない。

【用法】他人の行動やプライバシーに関心を寄せる者に対して、余計な詮索はするなと警告することが多い。

【ポイント】「猫を殺した」とセンセーショナルなことばで意表を突いて注意を引きつけ、3つの［k］音を繰り返して、強く印象に残る表現である。

【参考】猫は、A cat has nine lives（猫には九つの命がある）といわれ、人に飼われていても野性を失わず、並外れた生命力をもつものとされている。その猫でさえ好奇心のために命を失ったのだから、むやみに好奇心を抱くな、ということになる。20世紀に入ってから広く使われるようになった比較的新しいことわざで、古くからある Care killed the cat（心労は猫を殺した）のもじりとみられる。両者はともに killed the cat としているが、いずれも特にことわざにかかわる伝説などは伝えられていないようだ。

【用例】Annie: I saw Sandra wearing gorgeous jewelry proudly in the theater. What happened to her? Helen: I don't know. You shouldn't be interested in such matters. Curiosity killed the cat.（アニー「サンドラが劇場で豪華な宝石を誇らしげに身につけているのを見たわ。彼女、一体どうしたのかしら？」ヘレン「私には、わからないわ。そういうことに、あなたは関心を持つべきじゃない。好奇心は猫も殺したのよ」）

〔31〕One man's meat is another man's poison.

ある人の食物が他の人の毒

【意味】ある人が好きなものが、他の人にとっては大の苦手で嫌なこともある。この meat は肉ではなく、食物や食事の意である。

【用法】好みは人それぞれだから、自分の好みを他人に押しつけてはいけない、という文脈で用いられることが多い。なお、アメリカでは、meat の代わりに gravy（肉汁、グレービーソース）を用いることもある。

【参考】英語教育のなかで、「甲の薬は乙の毒」という日本語訳が半ば定着している。「薬」は「毒」の対極として引き合いに出されたものだが、原文から少し離れるうえに「甲乙」はいささか古めかしいので、新訳にしてみた。

【用例1】Ken: You said you like sushi, didn't you? Why you don't eat squid? Elsa: I don't know why, but I just can't. One man's meat is another man's poison, as the old saying goes.（ケン「寿司が好きって言ってたんじゃない？　どうして、ヤリイカを食べないの？」エルサ「理由はよくわからないけど、私には食べられないの。古いことわざでも、ある人の食物が他の人の毒っていうわ」）

【用例2】Elsa: Let's go to the Gagaku concert tomorrow. It's one of my my favorite kinds of Japanese traditional music. Ken: Sorry, I am just not interested in it. You know one man's gravy is another man's poison.（エルサ「明日、雅楽の演奏会に行きましょう。私の好きな日本の伝統音楽なの」ケン「ごめん、僕はまったく興味ないんだ。ある人のグレービーが他の人の毒だね」）

第2章　早起きの鳥は虫を捕える

〔32〕When in Rome, do as the Romans do.

ローマではローマ人のなすようになせ

【意味】異郷で過ごすときは、その土地の風俗や習慣に合わせて行動するのがよい。いつもと違う環境では、周囲の人に合わせて振る舞うのがよい。

【用法】「郷に入れば郷に従え」とほぼ同じと考えてよい。よく知られた表現なので、When in Rome だけでもある程度理解でき、後半を省略する場合もある。逆に When you are in Rome… と主語述語を補って文章をととのえたり、Rome を他の地名に置き換えることも行われる。

【ポイント】今日では、Rome は異郷とかぎらず、新しい職場など、これまでとは違う環境の比喩として使われることもあるので、注意したい。

【参考】このことわざの起源は、初期のキリスト教会で、安息日をローマのように金曜日にするかミラノのように土曜日にするか問題になったときに、聖アンブロシウスが弟子に答えたことばに由来するという。

【用例1】In Korea they use metal chopsticks while eating. So, of course I use them here. When in Rome…（韓国では、食事をするときに金属の箸を使う。だから、もちろん、私もここでは金属の箸を使っている。郷に入っては郷にだよ。）

【用例2】Jim: Everyone in this office drinks green tea in the morning. Should I drink it too? Koji: Sure, when in Rome, do as the Romans do. It tastes well.（ジム「このオフィスでは、朝はみんな緑茶を飲んでるけど、僕も飲むべきかな？」コージ「もちろん、郷に入っては郷に従えさ。おいしいよ」）

[33] Birds of a feather flock together.

　　同じ羽の鳥は群れる

【意味】同じような好みや性格の人はおのずから集まって、一緒に行動するものだ。

【用法】逆に、一緒に行動しているのは似たような人たちだということにもなる。暗にあまり感心しない人たちだという批判的なニュアンスが伴うことが多い。

【ポイント】ことわざは、表面的な意味しか知らずに不用意に使うと、思わぬ誤解を招くことがある。このことわざの場合も、時によってある程度否定的なニュアンスが裏に付随することを認識しておく必要があろう。

【参考】類似のことわざに、Men are known by the company they keep（人は付き合っている仲間でわかる）がある。

【用例1】Kate: Why does she keep company with such a frivolous boy? Annie: I don't know. But they say birds of a feather flock together.（ケイト「彼女はどうしてあんな軽薄な男の子と付き合ってるの？」　アニー「私にはわからないわ。でも、同じ羽の鳥は群れるっていうわね」）

【用例2】Tom: Why did Bob and Phil become friends? It seems to me that they are quite different in character. Ken: Because both of them like to play chess. Birds of a feather flock together.（トム「どうしてボブとフィルは友だちになったんだい？　二人の性格はまったく違う気がするけど」ケン「二人ともチェスが好きだからさ。同じ羽の鳥は群れるんだよ」）

〔34〕 You can lead a horse to water, but you can't make it drink.

馬を水辺へ連れていくことはできても水は飲ませられない

【意味】人のためになるようにと思って、いろいろ提案したり条件をととのえることはできても、当人の意に反して無理にやらせることはできない。

【用法】いくら本人のためを思ってやっても、本人にやる気がなければどうしようもないという文脈で用いられる。なお、lead は take でもよく、また現代では、it を him にすることもある。

【ポイント】英語では、このことわざのように、you などの代名詞が出てくるものが少なくない（日本語のことわざでは、代名詞はほとんど使われない）。この種のことわざは、状況に応じて you を she にするなど、代名詞を変換する必要があるので、注意したい。

【用例1】Mr. Thompson employed a tutor and bought many books for his daughter. But she never learned by herself. He can lead a horse to water, but he cannot make it drink. （トムソン氏は娘のために家庭教師をつけ、本もたくさん買ってやった。しかし、彼女は自分で勉強しようとはしなかった。馬を水辺へ連れていくことはできても水を飲ませることはできないのだ。）

【用例2】Recently Ann arranged a new post in her company for her brother, but he refused it. She can take a horse to water, but she can't make him drink. （最近、アンは弟のために自分の会社に新しいポストを用意したけれど、弟に断られた。馬を水辺を連れていくことはできても、水を飲ませることはできないのさ。）

コラム──聖書とことわざ

　英語圏の文化の背景にキリスト教があることは、いまさらいうまでもない。その影響は宗教にとどまらず政治や司法、教育など、社会全般に及んでいる。ことわざも例外ではなく、Man does not live by bread alone（人はパンのみにて生きるにあらず、p.74）や An eye for an eye（目には目を、p.106）のように、今日よく使われる表現の中にも聖書やキリスト教に関連するものが少なからず認められる。

　ただし、これらのことわざは、今日では必ずしも聖書の文脈どおりの意味や用法で使われていないことに注意したい。たとえば、前述の Man does not live by bread alone は新約聖書「マタイ伝」4章に由来し、本来は、人は物質的満足だけでなく神のことば（信仰）によって生きるものとされていた。しかし、今日の一般的用法では、キリスト教の信仰にかぎらず、精神的な糧となるものを必要とする意で広く使われている。また、An eye for an eye は、今日でも報復を訴えるスローガンとしてよく引かれるが、キリストはこの原則を否定し、右の頬を打たれたら左の頬を差し出せと説いていた（「マタイ伝」5章）。

　「豚に真珠」と英語の Cast pearls before swine（豚に真珠を投げる、p.92）は、聖書の同じ一節（「マタイ伝」7章）に由来するが、日本語では体言止めの形で定着した。ちなみに、聖書では否定形で、今日のことわざでも Do not cast your pearls before swine と否定形にすることが少なくない。

　このように見てくると、聖書に由来し、今日もよく使われる英語のことわざは、日本語でも比較的よく知られているものが比較的多いようだ。これは、明治・大正期の日本の知識人が西洋文化を積極的に学ぼうとし、教養の一つとして聖書を読んできたことの遺産といってよいだろう。

第3章

美人というも皮一重

[35] Beauty is but skin-deep.

美人というも皮一重

【意味】美人といっても外見だけのことで、内面まで美しいとはかぎらない。

【用法】見かけはたしかにきれいだが、暗に性格があまりよくないことや容貌は年をとると変わることを示唆している。

【ポイント】この but は「ほんの」とか「単に」の意で、only といってもよい。Beauty is in the eye of the beholder（美は見る人の眼中にあり、次ページ参照）が美の主観性を指摘するのに対し、このことわざは、ある程度客観的に美（美人）が存在することを認めた上で、外見に惑わされてはならないことを強調している。

【用例1】Ellen: You feel that Jane is attractive, don't you? Bob: Yeah, she's so beautiful. Ellen: I admit that she is so beautiful. But I regret to say that her beauty is only skin-deep.（エレン「あなたはジェインにひかれているんでしょ？」ボブ「そう、彼女はとてもきれいだからね」エレン「彼女が美人なのは認めるわ。でも残念ながら、きれいなのは皮一重よ」）

【用例2】Wife: What do you think about the saying: A woman is as old as she looks? Husband: I don't agree with it. A beautiful outside does not mean a beautiful inside. Beauty is but skin-deep.
（妻「女性の年齢は外見しだいっていうけど、あなたはどう思って？」夫「僕は、そうは思わないね。外見の美しさが内面の美しさを意味するわけじゃないよ。美しいのも皮一重さ」）

第3章　美人というも皮一重

〔36〕Beauty is in the eye of the beholder.

美は見る人の眼中にあり

【意味】美や美人に客観的な基準はなく、美しいかどうかは見る人の主観によって変わってくる。

【用法】美醜の判断は人によって異なるから、自分の見方が絶対と思ってはならないという文脈で用いることが多い。behold は、文語的な古い語で、見る意。

【ポイント】この表現に初めて接すると、何をいいたいのか、すぐにはわからないかもしれない。美は客観的に目にする対象に（つまり、見る者の外部に）あるという常識的な思い込みを転倒させ、意表を突く逆説で、美の主観性を示す表現である。その当否は別として、特に美人やファッションの評価が個々人の好みに大きく左右されることはたしかだろう。

【用例1】Paul: Linda is sure to be chosen Miss Campus this year, since she is the most beautiful girl on our campus. Fred: No, I don't think so. Beauty is in the eye of the beholder, you know?（ポール「今年のミス・キャンパスはリンダで決まりだね。このキャンパスでは一番の美人なんだから」フレッド「いや、僕はそうは思わないよ。美は見る人の眼中にありというだろう」）

【用例2】Though I was rather astonished by the bad taste of his clothes, I said nothing about them. Probably he was pleased with his fashion. Beauty is in the eye of the beholder.（彼の服装の趣味が悪いのにはいささかあきれたけど、私は何も言わなかった。たぶん彼は自分のファッションが気に入っているんだろうし、美は見る人の眼の中にあるのだから。）

〔37〕Love is blind.

恋は盲目

【意味】恋をする者は、相手の欠点を冷静にみきわめることができない。また、恋をしていると他のものが目に入らず、理性や常識を失ってしまう。恋は思案の外。

【用法】恋をすると客観的な目でものを見ることができなくなることを指摘する。しかし、恋愛自体を否定するものではなく、距離をおいて、恋をしているときはそんなものと温かく見守ったり、逆に半ばあきれながら口にすることも多い。

【ポイント】love（恋）を擬人化し、あえて is blind（盲目である）と言い切ることによって、印象的な表現になっている。

【参考】古代ギリシア・ローマの時代から類似の表現があり、英語でもチョーサーやシェイクスピアに用例のある古いことわざだが、現在もよく使われる。日本にも明治期に入ってきて、特に英語起源と意識されることなく使われている。

【用例1】Ann: Why did you fall in love with him? Julie: He has something marvelous, his eyes always shine, his voice sounds so comfortable … Ann: Love is blind.（アン「どうして彼に恋したの？」ジュリー「彼には何かすばらしいものがあるの、眼はいつも輝いていて、声も快く響く…」アン「恋は盲目ね」）

【用例2】We had encountered with several unexpected obstacles before our marriage. But I saw only what I wanted to see at that time. Love is blind.（私たちは、結婚までに思わぬ障害にいくつも出くわしました。けれども当時の私は自分の見たいものだけを見ていたんです。恋は盲目です。）

第3章　美人というも皮一重

[38] Handsome is as handsome does.

きちんと振る舞う人こそハンサム

【意味】人は見かけの美醜よりも、行ないが立派なことのほうが大切である。振る舞いがきちんとしている人こそ魅力がある。

【用法】おおむね男性について、外見よりも、他人に親切で心の広い人物を評価する文脈で使われる。日本語の「見目より心」に通じるが、後者は逆に女性についていうことが多い。

【ポイント】冒頭の Handsome は「立派な」の意の形容詞だが、いわゆるハンサム（男前）の意もかけている。次の handsome は副詞的用法で、handsomely（立派に）ということだが、あえて冒頭と同じ単語にすることによって聞く者の注意を引き、ことわざの効果を高めている。

【参考】女性に対しては、Pretty is as pretty does（可愛らしく振る舞う女性こそ可愛い）または Beauty is as beauty does（美しく振る舞う女性こそ美しい）ということが多い。

【用例】Jane: Tell me more about Bob. He is so handsome and attractive. Kate: Cool down! It's true that he looks rather handsome. But the way he behaves isn't handsome at all. Don't forget the proverb; Handsome is as handsome does.（ジェイン「ボブのこと、もっと教えて。とてもハンサムで、魅力的ね」ケイト「頭を冷やしなさいよ。たしかに彼はちょっとハンサムだけど、やることは全然だめだわ。"きちんと振る舞う人こそハンサム"ということわざを忘れちゃだめよ」）

〔39〕Out of sight, out of mind.

　　見えなくなると心からも消える

【意味】目に入らなくなると、やがて忘れてしまう。

【用法】会わなくなった人についていうのが基本で、忘れてしまうのも無理はないという文脈で使うことが多い。ただし、物についていう場合もある。

【ポイント】Out of ... を繰り返し、簡潔で口調がよく、印象に残る。漢詩に由来する「去る者は日々に疎し」が定訳のようになっているが、後者は人についてのみ使われもので、場合によっては場違いな訳となるので、翻訳の際は注意が必要である。

【参考】逆に、Absence makes the heart grow fonder（不在は好意を募らせる、次ページ参照）という心理が働くこともある。なお、このほか Out of を繰り返すことわざに Out of debt, out of danger（借金から抜け出すと危険から抜け出せる）がある。

【用例1】I came back to Japan three years ago. I have heard nothing from most of my old friends in Europe since then. Out of sight, out of mind.（私は3年前に日本に戻りました。それ以来ヨーロッパの旧友の多くは音信不通です。去る者は日々に疎しですね。）

【用例2】I put the postcard in my bag last night, and I forgot all about mailing it. Out of sight, out of mind.（昨夜、ハガキをバッグに入れたのはいいけれど、投函するのをすっかり忘れてしまった。見えないものは忘れるんだね。）

第3章　美人というも皮一重

〔40〕Absence makes the heart grow fonder.

不在は好意を募らせる

【意味】想いを寄せる相手が何らかの事情でいなくなり、会うことができなくなると、恋心はいっそう募っていく。恋人の不在は愛情をますます深める。

【用法】男女の関係について用いるのが基本で、いなくなって始めて恋を自覚する場合や、離れていることによってむしろ愛情が深まる場合によく使われる。

【参考】相手が不在となった場合でも、恋がからむと、Out of sight, out of mind（見えなくなると心からも消える、前ページ参照）とはまったく逆の心理が働くことになる。ディーン・マーチンの歌ったラブソングのタイトルとしても知られる。

【用例1】When Nancy said good-by to me and went abroad, I felt her affection for me and realized my love for her. It's true that absence makes the heart grow fonder, but I don't know what to do now.（ナンシーが別れのことばを告げ、外国へ旅立ったとき、私は彼女の好意を感じ、また彼女への愛を自覚した。不在が愛を募らせるのは真実だが、いまはどうすればよいかわからない。）

【用例2】Ever since you went home the other day, I can't stop thinking about you night and day. Absence makes the heart grow fonder. Please come back soon.（先日あなたが帰省して以来、私はいつもあなたのことを考えずにはいられなくなっています。不在が愛を募らせるのは、おわかりでしょう。どうぞ早く帰ってきてください。）

[41] Two's company, but three's a crowd.

　　二人なら仲間だが、三人は群集

【意味】二人なら仲よくできるが、三人になるとそうはいかないから、二人だけにしてほしい。

【用法】Two's company, three's none（二人なら仲間、三人は仲間割れ）ともいう。省略形の Two's はフォーマルに Two is としてもよいが、日常会話では省略形がよく使われる。第三者に対して、好きな人と二人だけになりたいから、ここは席を外してほしいというときに使うことが多い。

【ポイント】日本語の感覚では、ちょっと口にしにくい表現だが、イエス・ノーをはっきりさせ、自分の意思を明示する英語のコミュニケーション感覚では、これでもいくぶん婉曲な表現になり、女性もはっきり口にすることが少なくない。

【用例1】Beth saw Mary with someone in the street and said "hellow". But Mary didn't return the greeting and wispered "two's company, but ... you know?" with a smile.（ベスは、街で誰かと二人連れのメアリーに会い、「こんにちわ」と言った。メアリーは挨拶を返さずに、微笑みながら「二人なら仲間だけど…、わかるわね」とささやいた。）

【用例2】Ann: I am going to have lunch with Tom. Will you come with me? Beth: Don't mind me. Two's company, three's a crowd, huh.（アン「これからトムとランチに行くんだけど、一緒に行く？」ベス「私のことは気にしないで。二人なら仲間、三人は群集、でしょ」）

第3章　美人というも皮一重

〔42〕 It takes two to tango.

タンゴを踊るには二人いる

【意味】タンゴは男女のペアで踊り、パートナー同士の呼吸が合わなければ華麗なダンスにはならない。恋人同士や夫婦の間で問題が生じるのは、一方だけの責任ではないことをたとえていう。

【用法】パートナー同士協力すべきときに、一方が何もしなかったり相手にすべて責任があるかのような言動をとったときに、両方に責任があることを強調し反省をうながすことが多い。

【参考】古くからある It takes two to make a quarrel（喧嘩するには二人いる）を踏まえた表現だが、タンゴを比喩にすることによってパートナーの関係を問うものとなった。比較的新しいことわざで、20世紀中期にアメリカの女性歌手パール・ベイリーが歌ったポピュラー・ソング "Takes two to tango" の歌詞から広まった。

【用例1】Husband: I heard from the neighbor that recantly Ellen has been absent from school. What has happened on her? Wife: I don't know exactly. She said nothing about it. But, it takes two to tango.（夫「隣の人から、この頃エレンが学校に行ってないって聞いたけど、エレンに何かあったのかい？」妻「よくわからないわ。エレンは何もいわないのよ。でも、タンゴを踊るには二人いるわ」）

【用例2】Jill: Why do you always speak so loudly? Tom: Because you always watch TV with high volume. It takes two to tango.（ジル「どうして、あなたはいつもそんなに大きな声を出すの？」トム「君がいつも大音量でテレビを見ているからさ。タンゴを踊るには二人いるんだよ」）

〔43〕All's fair in love and war.

恋と戦争は何でもあり

【意味】恋や戦争では、ライバルを欺くなど、ふつうは許されない策も認められる。

【用法】主に恋について、駆け引きで嘘をついたり、ライバルを中傷しても許されるとすることが多い。しかし、何か後ろめたいことをした後の言い訳として口にされることも少なくない。

【ポイント】ことわざは物事の一面を強調する傾向があり、特定のことわざだけを指針に行動すると、バランスに欠ける恐れがある。このことわざの場合も、デートの口実程度のかわいい嘘なら許されようが、むやみに人を欺くと、後で真実が明らかになったときに人間性を疑われ、逆効果を招きかねない。むろん、戦争だからといって何をしても許されるわけではない。

【用例1】Kay: Why did you check my e-mails? Bob: Because I feel anxious about you. All's fair in love and war. Kay: No. I don't like such unfair behavior!（ケイ「どうして私のメールをチェックしたの？」ボブ「君が心配だったからさ。恋と戦争では何でもありだよ」ケイ「だめ、そういう卑劣な振る舞いは嫌いよ！」

【用例2】While most people say "All's fair in love and war", I don't think so. False propaganda in war mislead us, and we will fall in further tragedy at last.（多くの人が「恋と戦争は何でもあり」というけれど、私はそう思わない。戦時の偽りのプロパガンダは人を惑わせ、結局、私たちはもっと悲惨なことになる。）

第3章　美人というも皮一重

〔44〕The way to a man's heart is through his stomach.

男心への道は胃袋を通して

【意味】男性の心をひきつけるには、おいしいものを作って食べさせるのが早道である。

【用法】女性が好きな男性に自分を意識させ、プロポーズさせるには、愛情のこもった手料理をご馳走するのがいちばんと勧める場合が多い。

【ポイント】英米人は、概して自分の気持ちをストレートに表現するが、男女間のコミュニケーションでは、ことば以外のものが果たす役割も小さくないといえよう。

【用例1】Jill: Why are you going to cooking school? Linda: I want to cook nice dishes for Tony. Jill: I see. The way to a man's heart is through his stomach.（ジル「なぜ料理学校に通っているの？」リンダ「トニーにおいしい料理を食べさせたいからよ」ジル「なるほど、男心への道は胃袋を通してってことね」）

【用例2】Emma: Why did you get engaged yourself to Lisa so quickly? Jim: Because she is intelligent; and besides, she is a good cook. Emma: really! She knows the way to a man's heart is through his stomach.（エマ「どうして、あんなに短期間でリーサと婚約されたんですか？」ジム「彼女は頭がいいし、しかも料理もとても上手だからさ」エマ「たしかに！　彼女は、男心への道は胃袋を通してということを知っているのね」）

〔45〕The apple doesn't fall far from the tree.

　　リンゴは木から遠いところには落ちない

【意味】リンゴが木からあまり遠いところに落ちないように、子どもは親に似て、さほど変わらないものである。

【用法】子どもが親に似たものになること、特に親と同じような仕事をしたり、性質を受け継ぐことをたとえていう場合が多い。doesn't fall は never fall ともいう。

【参考】この apple は、果実を代表するもので、「木の実」と訳してもよいだろう。穏やかだが説得力のある比喩で、ほぼ同じ表現が西欧のほか東欧や北欧などでも広く使われている。そのほか、リンゴ以外の果実を比喩とする類似表現がヨーロッパ以外の地域にも認められる。

【用例1】Recently my daughter graduated in USA. Though she majored in economics, she wishes to become a journalist like her mother. The apple doesn't fall far from the tree.（最近、娘がアメリカの大学を卒業しました。経済学を専攻したんですが、母親のようにジャーナリストになることを望んでいます。リンゴは木から遠いところには落ちないということです。）

【用例2】Bob: Are you going to become a doctor as your father wishes? Ben: No, I am interested in literature and wish to become an author. In my case, the apple might fall far from the tree.（ボブ「君は親父さんの望みどおり医者になるの？」ベン「いや、文学に関心があって作家になりたいんだ。僕の場合、リンゴは木から遠くに落ちるかもしれないね」）

第3章　美人というも皮一重

[46] Like father, like son.

息子は父親そっくり

【意味】息子は父親そっくりになる。息子のやることは、かつて父がやっていたことに似通う。

【用法】容貌についてもいうが、癖や性格、仕事などについていうことが多く、好ましい場合にも逆に好ましくない場合にも使われる。なお、「親が親なら子も子」が半ば定訳となっているが、やや否定的に響くきらいがあり、翻訳は文脈に合わせた工夫が必要であろう。

【参考】そのほか、Like A, like B（BはAそっくり〔になる〕）という定型化した表現に次のようなものがあるので、覚えておきたい。

　　Like mother, like daughter.（娘は母親そっくり）
　　Like master, like man.（主人にならう使用人）

　ちなみに、カンヌ映画祭で審査員賞を受賞した映画〈そして父になる〉（2013年、是枝裕和監督）の英語版タイトルはLike father, like sonであった。

【用例1】My father is heavy drinker, and I like drinking, too. Mother often says with a sigh "Like father, like son. But take care of your health."（父は大酒飲みで、僕も飲むのが好き。母は、ため息混じりに「息子は父親そっくり。でも、健康に気をつけてよ」とよく言っています。）

【用例2】My 9-year-old daughter is fond of reading. She has read as many books during summer vacation as I did in my childhood. Certainly, "Like mother, like daughter."（9歳になる娘は読書が好きです。私が子どもの頃読んだすべての本と同じくらい多くの本を、夏休みに読んでいたわ。たしかに、娘は母に似るものね）

[47] Blood is thicker than water.

血は水よりも濃し

【意味】血縁関係のきずなは、他人同士の関係よりもはるかに密接で強固なものがある。親族を大切にする気持ちは、理屈をこえたものがある。

【用法】「血」は血縁関係を象徴する。このことわざは明治期に日本語にも入って定着し、血縁関係の身内には強い愛着があり、どのようないきさつがあろうと関係は断ち切れないといったニュアンスも生じている。しかし、英語では比較的軽い意味で使われ、縁者を身びいきしたり、便宜を図ることを肯定する文脈で使われることが多い。

【参考】英語のことわざとしては比較的新しく、ドイツ語から入ってきたもののようだ。なお、ヨーロッパでは、ほぼ同じ意味で「血は水に変えられない」ともいう。血と水が対比されるのは、時間が経過すると、水は蒸発して何も残らないのに対し、血は凝固していつまでも残るからだという。

【用例1】Tony: Tomorrow my cousin Alice will come here from her country. If you don't mind, I would like to postpone our date untill Wednesday. Ann: I see. Blood is thicker than water. Please give me a call when she leaves. （トニー「明日従姉妹のアリスが田舎から来るんだ。よければ、デートは水曜日まで延期したいんだけど」アン「わかったわ。血は水よりも濃しね。彼女が帰ったら、電話してください」）

【用例2】I heard that you got into difficulties. Don't hesitate to ask us anything you need. Blood is thicker than water. （君がいま困っているって聞いたよ。必要なことがあれば、遠慮しないで何でも私たちに言ってきていいんだよ。他人同士じゃないんだから、だいじょうぶ。）

第3章　美人というも皮一重

[48] Charity begins at home.

慈善はわが家から始まる

【意味】遠くの人々のことを心配する前に、まず身近な人々を大切にしなくてはいけない。

【用法】幼時から家族など身近なひとを大切にするようにしつけておけば、やがて他人にも優しく手をさしのべるようになるというのが本来の用法だったと思われる。しかし、現在では、こうした用法はあまりみられなくなり、寄付を頼まれたときに断る口実として使われることが多くなっている。

【参考】Charity は、キリスト教的な愛（慈愛）の意であったが、慈善活動や施しも意味するようになり、ことわざの用法も変わってきたようだ。

【用例1】Annie: I think we should send money to the refugees from the Middle East in Europe. Tom: I don't think so. We should aid starving people in our country first. Charity begins at home.（アニー「私たちは中東からヨーロッパに来ている難民にお金を贈るべきだと、私は思う」トム「僕はそうは思わない。まず国内の飢えている人たちを援助すべきだよ。慈善はわが家から始まるだ」）

【用例2】Students: We're members of the Child Aid movement, and asking for donations in order to set up scholarships for orphans. Housewife: Sorry. Though I feel sympathy with your activity, I can't afford to contribute money now. Charity begins at home.（学生たち「私たちは、子ども援助運動のメンバーで、孤児のための奨学金を創設するために募金をお願いしています」主婦「ごめんなさい。あなたたちの活動には共感するけど、いまはお金を寄付する余裕がないの。慈善はわが家から始まるのよ」）

[49] Spare the rod and spoil the child.

答を惜しむと子どもがだめになる

【意味】子どもが間違ったことをしたときは厳しく叱らないと、子どもはわがままが許されると思い込み、ろくな者にならない。

【用法】子どものしつけについて、むやみに可愛がって甘やかしてばかりいると、結局、本人の将来のためにならないという文脈で用いられる。

【ポイント】古くから使われたことわざで、直訳すると、答を惜しんで子どもをだめにせよ、となるが、文全体が反語になっている。音韻の面では、Spare と spoil で語頭の子音をそろえ、印象的な表現になっている。

【参考】旧約聖書の「箴言」13章 に「鞭を控えるものは自分の子を憎む者。子を愛する人は熱心に諭（さと）しを与える」とあり、ここから出た表現である。

【用例1】Kay: Why do you allow your son to doodle on books? Nancy: I can't help it. Though I ask him not to do again and again, he always ignores me. Kay: However disobedient he is, spare the rod and spoil the child. （ケイ「息子さんが本にいたずら書きしてるのに、どうして黙ってるの？」ナンシー「どうしようもないわ。何度もやめるように言ってるんだけど、いつも無視されちゃうの」ケイ「どんなに反抗的だとしても、答を惜しむと子どもがだめになっちゃうよ」）

【用例2】I worry about my selfish daughter in the future. Because my husband has always brought up her indulgently and spared the rod. （私はわがままな娘の将来が心配よ。夫が娘をいつも甘やかして育て、答を惜しんでいるからなの。）

第3章　美人というも皮一重

〔50〕All work and no play makes Jack a dull boy.

勉強ばかりで遊ばなければジャックはばかになる

【意味】いつも勉強ばかりしていて遊ばなければ、子どもは生気を失ってしまう。

【用法】かつてはもっぱら子どもについて、勉強ばかりではだめで遊びも必要だという文脈で使われていた。現在では、子どもについてもいうが、大人にも使われるようになっている。仕事ばかりしていないで、時にはゆっくり休んだり、楽しいことをして気分転換するほうがよいと他人に勧めたり、自ら一息入れるときの言い訳にすることも多い。

【ポイント】大人を対象にする場合は、「勉強」ではなく「仕事」と訳すほうがよいことになる。Jack は男の子の代表的名前（日本語なら「太郎」というところ）で、会話の中では他の人名に置き換えてもよい。

【参考】日本語の「よく学びよく遊べ」は、明治初期にこのことわざを意訳したもののようだ。

【用例1】Ben: Let's play tennis together this weekend. All work and no play makes Jack a dull boy. Ted: Thanks. That's just what I wanted to do.（ベン「今度の週末、一緒にテニスをやろう。勉強ばかりで遊ばないとジャックはばかになるぜ」テッド「ありがとう。ちょうどテニスをやりたいと思っていたところだ」）

【用例2】Though they say all work and no play makes Jack a dull boy, it's completely opposite in Terry's case. All play and no work makes Terry a dull boy.（勉強ばかりで遊ばなければジャックはばかになるというけど、テリーの場合はまったく逆だ。遊びばかりで勉強しないのでテリーはばかになるさ。）

〔51〕You can't teach an old dog new tricks.

老犬に新しい芸は仕込めない

【意味】年を取ると、新しいものにはなかなか対応できないことのたとえ。また、長年染みついた習慣を変えることは容易にできない、というたとえ。

【用法】その場にいない第三者を批判して嘆いたり、自分のことを自嘲気味にいうのがふつうである。

【ポイント】an old dog とは辛辣な比喩だが、ちょっぴりユーモアもあって、自分を卑下するぶんには問題ない。しかし、他人に面と向かっていうとやはり失礼で、相手の気分を害しかねないので注意したい。

【参考】長年の習慣はなかなか抜けないという意味では、Old habits die hard（古い習慣は簡単に消えない）もよく使われる。

【用例1】I changed the operation system of my computer to a new one last month. I have been confused by it ever since then. It takes so much time for me to understand the new icons and how to use the new programs. You can't teach an old dog new tricks.（先月、パソコンのＯＳを新しいものに換えてから、ずっとまごついている。新しいアイコンやソフトの使い方がわからなくて、時間がかかること。老犬に新しい芸は仕込めないのさ）

【用例2】Wife: You retired before the age limit last month. Now you can enjoy your life as you like. So why do you get up as early in the morning as before? Husband: Sorry, but you can't teach an old dog new tricks.（妻「あなたは先月定年退職して、これからは好きなように人生を楽しんでいいのよ。なのに、なぜ、以前と同じように早起きするの？」夫「ごめん、だけど、老犬に新しい芸は仕込めんよ」）

第3章　美人というも皮一重

〔52〕Never too old to learn.

学ぶのに年のとり過ぎはない

【意味】何かを学んでみようという積極的な気持ちさえあれば、年齢に関係なく、人はいつでも学ぶことができる。

【用法】old は late でもよい。高齢の人が新しいことを学ぼうとするときに励ましたり、感心していう。また、あまり年齢とは関係なく、冗談めかして、これからでも遅くはないからやってみたらと勧めることもある。

【ポイント】It is never too old to learn といってもよい。後者のほうが文法的に形式がととのっているが、ことわざには、文法的形式よりも簡略で印象の強い表現を優先する傾向がある。

【用例1】Yesterday was my sixtieth birthday. Then I made up my mind to buy a computer for the first time. I think that I'm "Never too old to learn."（昨日は六十歳の誕生日だった。その際、初めてコンピュータを買う決心をした。私は「学ぶのに年のとり過ぎは決してない」と思っているんだ。）

【用例2】Ted: Would you please help me make coffee? Shelly: No, I don't know anything about making coffee. Ted: It's not so difficult. I'll show you how to make coffee. Never too late to learn.（テッド「コーヒーをいれるのを手伝ってくれませんか」シェリー「だめよ。私、コーヒーのいれ方はまったく知らないの」テッド「そんなに難しくないよ。どうやっていれるか、僕がやってみせるから。学ぶのに遅すぎることはないさ」）

コラム──英会話で使われる外国語のことわざ

　英語圏の人たちとパーティの席などで話していると、時折、英語以外のことわざや格言が原語のまま引かれることがある。ヨーロッパの言語は文法的に近縁関係のものが多く、また、かつてのラテン語教育の名残もあり、知識人の間では、ラテン語やフランス語の表現が比較的気軽に口にされるようだ。こうした表現は、該当部分だけ原語で引用されるので、その言語をきちんと学んでいなくても、あらかじめその意味を知っていれば会話が途切れずにすむ。また、自分でも引用でき、タイミングがよければ話が盛り上がるといえよう。さしあたり、よく使われる次の表現を記憶に留めておくとよい。

◆ラテン語

In vino veritus.（ワインの中に真実あり）
　　酒を飲むと本当のことを口にする意で、英語でいうと In wine there is truth だが、酒席ではラテン語でいうことも多い。

Festina lente.（ゆっくり急げ）
　　Make haste slowly（p.70）だが、ラテン語でいってもよい。

Ars longa, vita brevis.（芸術は長く、人生は短し）
　　医学の祖ヒポクラテスのことばに由来するもので、芸術とかぎらず医術や技芸についても使われる。

Vox populi vox Dei.（民の声は神の声）
　　真理は世論にあり、為政者は民衆の声に耳を傾けなくてはならない。

◆フランス語

Noblesse oblige.（高貴は拘束する）
　　貴族など身分の高い者には、それだけ重い社会的責任があり、言動を自制し、責任を果たさなくてはならない。

第4章

手中の鳥一羽は藪の中の二羽に値する

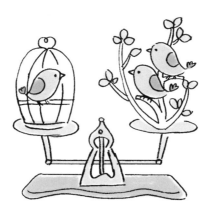

[53] A bird in the hand is worth two in the bush.

手中の鳥一羽は藪の中の二羽に値する

【意味】 量は少なくても確実に手に入るもののほうが、量は多いが不確実なものを追い求めるよりもよい。

【用法】 文字どおりには、手中の一羽と藪の中にいる二羽が同じ価値のようにみえるが、実質的には前者のほうがまさるとする。大きな価値があっても不確実なものよりも、価値は劣っても確実なものを取れという文脈で使われる。

【ポイント】消極的な安全主義のようだが、リスクを避け、欲張って元も子もなくさないための警告と受けとめておこう。日本語の「明日の百より今日の五十」に通じる。

【参考】 逆に、Nothing ventured, nothing gained.（冒険しなければ何も得られない、p.108）ということわざもよく使われる。

【用例1】 Husband: Fred has offered to buy my father's farm for $400,000. But someone else might pay more. Wife: Really? Well, a bird in the hand is worth two in the bush.（夫「フレッドが親父の農場を40万ドルで買いたいといってきた。だけど、もっと高く買う人が出てくるよ」妻「本当に？ でも、手中の鳥一羽は藪の中の二羽に値するわ」）

【用例2】 I might get a considerable sum of money, if I make up my mind to go abroad. For all that, it will be not sure. A bird in the hand is worth two in the bush.（私が外国に行く決心をすれば、相当な収入が得られるかもしれない。だけど、絶対に確実というわけじゃない。明日の百より今日の五十さ。）

第4章　手中の鳥一羽は藪の中の二羽に値する

〔54〕Don't count your chickens before they're hatched.

卵がかえる前にひよこを数えるな

【意味】 卵がたくさんあっても、すべて孵化して雛になるとはかぎらない。どうなるかわからない先のことを勝手に自分に都合よく考え、これを前提に計画を立てたり、行動してはならないというたとえ。

【用法】自分勝手な思い込みであれこれ先走って行動しようとする者に対し、ユーモラスな誇張表現によって頭を冷やして考え直すように勧める。

【ポイント】日本語の「取らぬ狸の皮算用」に通じるが、英語のことわざは冒頭を Don't とする否定の命令形が基本である。ただし、動詞句 to count one's chickens before they're hatched にして使うこともでき、その場合は文脈に合わせて one's を your や his などに適宜変更することになる。

【用例１】Mike: Let's see the sights of Hong Kong when I get a job in China. Jill: But you haven't gotten a job yet. Don't count your chickens before they're hatched. （マイク「中国で就職したら、香港観光に行こう」ジル「でも、まだあなたの仕事が見つかったわけじゃないわ。卵がかえる前にひよこを数えちゃだめよ」）

【用例２】When John applied to the University in New York, his mother immediately signed a contract to rent a room nearby for him. She was counting her chickens before they're hatched.
（ジョンがニューヨークの大学に願書を出すと、母親は息子のために直ちに大学近くのアパートを借りる契約をした。卵がかえる前にひよこを数えていたのだった。）

[55] A penny saved is a penny earned.

1ペニーの節約は1ペニーの稼ぎ

【意味】少しでも出費を切りつめることができれば、その分だけ稼いだのと同じことになる。倹約することは、お金を稼ぐのと同じで、大切なことである。

【用法】たとえ少額であっても倹約することを高く評価し、日頃から心がけるように勧める。

【ポイント】A penny 〜 ed を繰り返し、地味だが口調がよく、印象に残る表現となっている。

【参考】ペニーは通貨の単位で、イギリスの旧制度（1971年まで）では1シリングの12分の1だったが、その後は100分の1ポンドとなっている。貨幣自体は青銅貨で、小銭ということになる（アメリカやカナダでは、1セント硬貨をペニーと呼ぶ）。だから、つい1ペニーぐらいはどうでもよいという気分になりがちだが、本当にお金を大切にするのなら、たとえ少額でもないがしろにしてはいけない。ちなみに、Take care of the pence and the pounds will take care of themselves（ペンスを大切にすれば、ポンドはおのずと貯まる）ということわざもよく知られている。

【用例】I buy almost all necessities at the supermarket on special bargain days. Though it takes about twelve minutes to go there by bicycle, I am always willing to do so. A penny saved is a penny earned.（私は、日用必需品のほとんどをスーパーのバーゲンセールの日に買っています。スーパーまでは自転車で12分ほどかかるけど、いつも喜んで行きますよ。1ペニーの節約は1ペニーの稼ぎなんだから。）

第4章　手中の鳥一羽は藪の中の二羽に値する

〔56〕 Penny wise and pound foolish.

ペニーはしっかり、ポンドにお馬鹿

【意味】細かいお金にはなかなかしっかりしているが、大きな金額になると大局的な判断ができなかったり、気が大きくなって無駄遣いをして、結果的に大きな損をする（人）。「一文惜しみの百失い」に通じよう。

【用法】少額のものについてはけちけちと倹約しているようだが、その結果、見えないところで出費が増大したり、金額の大きなものについては神経が行き届かなかったり、無駄遣いをして、全体として損をすること（また、そういう人）を批評していう。

【ポイント】penny は小銭、pound は大金を象徴する。英国だけでなく、通貨がセントとドルのアメリカでもこの表現をそのまま使っている。

【用例1】Nancy: I've driven around four discount shops and bought cosmetics at the lowest price. Kate: I see. But it's not so cheap since gas is rather expensive now. That's penny wise and pound foolish, you see?（ナンシー「いま車で安売り店を四つ回ってきて、化粧品をいちばんの安値で買ってきたところよ」ケイト「そうなの。でも、いまはガソリン代が結構高いから、それほど安くはならないわ。ペニーはしっかり、ポンドにお馬鹿なんじゃないの」）

【用例2】David is usually a very stingy man. But when he gets drunk he often lavishes his money. In short, he is penny wise and pound foolish.（デイビッドは、ふだんはしみったれた男だよ。だけど、酔っぱらうと、よく無駄遣いをしてしまう。要するに、一文惜しみの百失いってやつさ）

〔57〕Waste not, want not.

　　無駄をしなければ、不自由はしない

【意味】お金や物を大切にして不必要な無駄遣いをしなければ、足りなくなって困ることはない。日頃から堅実な暮らしをすることが大切である。

【用法】日常生活で贅沢をしたり無駄な出費をしなければ、生活に必要なものに事欠くようなことはない、と教える。

【ポイント】当たり前のお説教のようだが、Waste … want … と語頭のwと語尾のtの音をそろえて、not を繰り返し、簡潔で記憶に残る表現となっている。

【用例1】George: Would you please lend me 300 dollars; I promise to return it to you by the end of this month. Alice: Why should I lend you money? Waste not, want not, you know!（ジョージ「300ドル貸していただけませんか、月末には必ずお返ししますから」アリス「どうして私が貸さなきゃならないの？　無駄をしなければ不自由はしないって、わかってるでしょ！」）

【用例2】I remember that in my childhood my grandma sometimes said to me, "Waste not, want not." She was not poor, but lived a simple life as a devoted housewife. After her death, I have gradually felt sympathy with her way of life.（小さい頃、私のおばあさんが、時折「無駄をしなけりゃ不自由しない」といってくれたことを思い出します。貧乏ではないけど、一途な主婦で、質素な暮らしをしていました。おばあさんが亡くなってから、私は徐々にその生き方に共感するようになったんです。）

第4章　手中の鳥一羽は藪の中の二羽に値する

〔58〕Don't bite off more than you can chew.

噛めないほど頬張るな

【意味】食べ物を口いっぱいに頬張ると、噛もうにも噛めず、飲み込もうにも飲み込めなくなって、苦しむことになる。結局、自分が苦しむだけだから、調子よく約束をしたり、むやみに多くの仕事を引き受けるな、というたとえ。

【用法】あれもこれもやろうと、自分の能力以上にむやみに頑張るのを制していう。時間と体力はおのずから限られるから、どれかを断念しなければ、とんでもない事態になりかねないという気持ちである。

【ポイント】実際、幼い頃、うまそうな大きな肉の塊や餅などを思い切り頬張って、目を白黒させた経験が誰にでもあるのではないだろうか。このことわざは、理屈ではなく、体験にもとづく感覚に訴えて説得力を強めている。

【参考】動詞句 to bite off more than one can chew（噛めないほど頬張る、能力以上に引き受けてしまう）の形でも使われる。

【用例】Teddy: Hi Bill! Somehow you look tired. Bill: I am a little tired. I've been moonlighting at gas station twice a week. Teddy: Have you still been taking full-time job? Don't bite off more than you can chew.（テディ「やあ、ビル！　何だか疲れてるみたいだね」ビル「ちょっと疲れてるよ。週2日ガソリンスタンドで夜間のバイトをしてるんだ」テディ「フルタイムの仕事も続けてるんだろう？　噛めないほど頬張っちゃだめだよ」）

[59] If a thing is worth doing, it's worth doing well.

やる価値のあることなら、きちんとやる価値がある

【意味】やるに値することなら、最善を尽くしてやる価値がある。最善を尽くさないのなら、始めからやらないほうがましである。

【用法】特に仕事について、引き受けるからには、いい加減なことはできないという文脈で使われる。怠惰な者を叱る場合が多いが、職人などが自らの心意気を示す場合もある。

【ポイント】一見地味な表現だが、平易なことばで、生き方として大切な自律的モラルを教えている。

【用例1】Allan: Let's call it a day and go home. I'm rather tired today. Bob: One more devision is not mowed completely. If a thing is worth doing, it's worth doing well. (アラン「これぐらいでやめにして家に帰ろうよ。今日はちょっと疲れちゃった」ボブ「まだ完全に刈り取っていないところが一区画ある。やる価値のあることは、きちんとやらなくちゃ」)

【用例2】Wife: Have you finished walking for rehabilitation already? Husband: I walked with my stick for five minutes. Wife: Only five minutes? You should do more than 15 minutes every day as the doctor said. If a thing is worth doing, it's worth doing well. (妻「あなた、リハビリのウォーキング、もう終わったの？」夫「杖をついて、5分やったよ」妻「たった5分だけ？　お医者さんが言うように、毎日15分は歩かなくちゃいけないのよ。やる価値があることはしっかりやる価値があるんですから」)

第4章　手中の鳥一羽は藪の中の二羽に値する

〔60〕 Time is money.

時は金なり

【意味】時間はお金と同じ価値がある。時間は、有効に使えばお金が得られる。

【用法】無駄な時間を過ごせば、その時間で稼げるお金を損していることになるという文脈で用いることが多い。

【ポイント】日本語にも入ってきてよく使われるが、英語のことわざとは微妙なニュアンスや用法の差がある。日本人は、貴重な時を大切にせよと倫理的にとらえがちなのに対し、英米では、時間を無駄にすると金銭的に損をすると実利的に考える傾向があるといってよい。

【参考】アメリカの著述家・発明家・政治家として著明なベンジャミン・フランクリン(1708〜90)の言葉として広く知られるようになった。

【用例1】Betty: Shall we take the next train which leaves about 30 minutes from now? Or take a taxi? Bob: I can't wait for such a long time. Let's take a taxi. Time is money.（ベティ「30分後の次の電車に乗る？　それともタクシーにする？」ボブ「そんなに待てないよ。タクシーで行こう。時は金なりだ」）

【用例2】Are you still idling away at home? As long as you have free time, you should obtain a driver's licence for the future. Time is money, you know?（まだ家でぶらぶらしてるのかい？　時間のあるうちに、将来のために運転免許は取っておくといいよ。時は金なりっていうだろう。）

〔61〕Never put off till tomorrow what you can do today.

今日できることを明日に延ばすな

【意味】やろうとすれば今日できることを、明日でもよいからといって先延ばしにしてはならない。

【用法】Never は Don't にしてもよく、what 以下は what may be done today ともいう。ぐずぐずしている者に対して、どうせやらなきゃならないのなら、さっさとやりなさいと叱る場合が多い。また、自らこの表現を想起して課題にすぐ取り組むこともある。

【ポイント】明日は、またどんな支障が生じないともかぎらない。当たり前のようだが、仕事の上では大切な心構えであろう。時間があるからだいじょうぶと高をくくっていると、いつか手痛い目にあう。

【参考】逆に Never do today what you can put off till tomorrow.（明日に延ばせることを今日やるな）とする表現もある。

【用例 1】Mother: If you have nothing in particular to do today, sweep your room. Child: I'll do it tomorrow. I'd like to go swimming today. Mother: Never put off till tomorrow what you can do today.（母「今日特に予定がないのなら、自分の部屋を掃除しなさい」子「明日やるよ。今日は泳ぎに行きたいんだ」母「今日できることを明日に延ばしちゃだめよ」）

【用例 2】Though the proofreading of my paper is rather tiresome, it is one of indispensable procedures. So, I began to do it at once. Never put off till tomorrow what may be done today.（自分の論文の校正はどうもやっかいだけど、欠かすわけにはいかない作業だ。だから、私はすぐとりかかった。今日できることは明日に延ばすなさ）

第4章　手中の鳥一羽は藪の中の二羽に値する

〔62〕Haste makes waste.

急ぎは無駄のもと

【意味】むやみに急いで何かしようとすると、とかくミスをしがちで、無駄なことをしてしまうことになる。

【用法】急がなければならないが、気が急(せ)いてかえって問題を起こしそうなときに注意したり、自制していう。「急いては事をし損じる」に通じよう。

【ポイント】16世紀に用例のある古いことわざ。簡潔な形だが、〔ei〕音を三つ繰り返し、Haste と Waste で脚韻を踏んで、印象に残る。こうしたことわざは音韻が大切だから、何度もはっきり口に出して、しっかりなじんでおこう。

【参考】これに関連した表現に More haste, less speed.（急ぐときほど、ゆっくりと）や Make haste slowly.（ゆっくり急げ、次ページ参照）があり、共によく使われる。

【用例1】Helen: Hurry up! I have to arrive at the hotel by 6 p.m. Johnny: Haste makes waste. I have just obtained my license and don't know this area.（ヘレン「急いで！　6時までにホテルに着かなきゃいけないの」ジョニー「急いては事をし損じます。僕は免許取りたてだし、この辺りは知らないんだから」）

【用例2】If I hurry, I can complete my paper this evening. But haste makes waste; I am going to read it carefully once again tomorrow.（急げば、論文は今日の夕方のうちに仕上げられます。でも、急いては事をし損ずるといいますから、明日もう一度じっくり読み直すことにします。）

〔63〕Make haste slowly.

ゆっくり急げ

【意味】急がなければならないが、気が急(せ)いたために無理をしたり注意が行き届かなくなって、かえってしくじらないように慎重に行動せよ。

【用法】むやみに急いでいる人に対し、問題を起こさないように注意するときに使われる。また、急がなければならないが、不注意でミスをしないように、自ら気を落ち着かせようとするときに想起してもよい。

【ポイント】「ゆっくり」と「急げ」の間には、一見して明らかな矛盾が感じられ、どっちなんだ、といいたくなるかもしれない。しかし、これはことわざによくみられる撞着語法(日本語にも「急がば回れ」など、同じような表現がある)で、わざわざ矛盾する言い方をして聞く人を一瞬戸惑わせ、結果的に柔軟な思考を引き出す巧みなレトリックといえよう。

【参考】ラテン語の Festina lente を直訳したもので、英語の会話の中でもこのラテン語のまま使われる場合もある。

【用例】Ann: Why are you shuffling through the pile of paper so hurriedly? Betty: I am searching the invitation card for my friend's birthday party tonight. It's certainly on the desk. Ann: OK! But you had better check more carefully. Make haste slowly in such a case. (アン「どうして、そんなにあわてて書類の山をひっかきまわしてるの?」ベティ「今夜、友だちの誕生日パーティがあって、その招待状を捜してるのよ。間違いなく机の上にあるわ」アン「わかった。でも、もっと注意深くチェックしたほうがいいわ。こういうときは、ゆっくり急げよ」)

第4章　手中の鳥一羽は藪の中の二羽に値する

〔64〕 Rome was not built in a day.

ローマは一日にしてならず

【意味】ローマの市街が一日ではできなかったように、重要な事業を完成させるには長い時間がかかる。

【用法】仕事を早く終わらせようと焦る者に対して、ユーモアを交えてやんわりと制し、忍耐の必要を説くことが多い。また、仕事が遅れているときの言い訳に冗談めかしていう場合もある。

【ポイント】ことわざは、もちろん、オーソドックスな意味できちんと使われることも多いが、冗談めかしたり、皮肉を込めることもよくある。会話でことわざが引かれるときは、テキストだけに機械的に反応することを避け、ゆとりのある柔軟な姿勢で耳をかたむけたい。

【用例1】Staff: I have been engaged in this big project for three years now. How long will it take to complete it? Chief: I don't know exactly. Rome was not built in a day. But we have advanced steadily and I am sure that our project is going to enter the final phase soon. (スタッフ「私はこのビッグ・プロジェクトに3年間従事しています。完成まで後どれくらいかかるんでしょうか？」チーフ「正確にはわからないね。ローマは一日にしてならずだ。だけど、プロジェクトは着実に進んでいて、まもなく最終局面に入るのは確かだよ」)

【用例2】Employer: It is easy for you to gather the crops with this combine. Finish your work before sunset. Worker: Don't rush me！Rome was not built in a day, you know. (雇い主「君ならこのコンバインで収穫するのは簡単だろう。日没前に片づけてくれよ」労働者「せかさないでくれ。ローマは一日にしてならずだよ」)

##〔65〕Better late than never.

遅れてもしないよりまし

【意味】約束した期限に遅れても、きちんと自分のすべきことをするほうが、まったく何もしないよりはるかによい。たとえ時間に間に合わず格好がつかなくても、やるべきことはやはりやらなくてはならない。

【用法】時機を逸したり時間に間に合わないことに気づいて、どうしたらよいかわからず、ぐずぐずしている人に対し、勇気をもって行動するように促すときによく使われる。また、自分が遅れたときに気持ちを切り換えるのにも使え、迷惑をかけた相手に会って詫びるときの言い訳にすることもある。

【ポイント】文法的には破格だが、きわめて簡潔な形で定着し、口調がよい。遅れるのは悪いに決まっているから、下手な言い訳はしないで、このことわざを引いて区切りをつけるのもよいだろう。

【用例1】I quite forgot that yesterday was my father's birthday. I should send him a present now. Better late than never.（昨日がお父さんの誕生日だったのをすっかり忘れていたわ。いまからでもプレゼントは送らなくっちゃ。遅れてもしないよりましだもの。）

【用例2】Betty: It's too late to attend the party. It takes an hour to get to the meeting place. Nancy: Don't worry. Just come! You should attend the party as soon as you can. Better late than never.（ベティ「パーティの時間に間に合わないわ。会場まで1時間ほどかかるの」。ナンシー「心配することないわ。行ってごらんなさい。できるだけ早く行くことね。遅れても行かないよりましよ」）

第4章　手中の鳥一羽は藪の中の二羽に値する

[66] Don't put all your eggs in one basket.

卵をぜんぶ一つの籠に入れてはならない

【意味】自分の持っている卵をすべて一つの籠に入れてしまうと、事故が起きたときには卵をすべて失うことになりかねない。リスクは分散せよというたとえ。

【用法】物事は思いどおりにいかないことも多いから、リスクを考えて、一つのものだけに集中したり依存したりしないようにということで、仕事や投資、ギャンブルなど多くの分野で使われる。

【ポイント】all と不定冠詞の a ではなく、数詞の one を対比して避けるべきリスクが強調されている。

【参考】卵は重要な栄養源で、かつては価格も相対的に高く、またガラスと並んで壊れやすいものの代表格であった。

【用例1】Alex: This is a big chance. I'll put all the money in this field. Nothing ventured, nothing gained. Bill: No, I don't think so. Don't put all your eggs in one basket.（アレックス「いまがビッグチャンスだ。この分野に資金をすべて投入しよう。リスクを負わなければ得るものもなしだ」ビル「いや、僕はそうは思わない。卵をすべて一つの籠に全部入れちゃだめだよ」）

【用例2】I manage a cafe as a sideline while working as a translator. That way I avoid the risk of putting all my eggs in one basket.（私は翻訳者として仕事しながら、副業としてカフェを経営しています。それで、卵をぜんぶ一つの籠に入れるリスクを避けているんです。）

〔67〕 Man does not live by bread alone.

　　人はパンのみにて生きるにあらず

【意味】人間は物質的に満たされさえすればよいというものではない。生きていく上で、信仰や愛、自由などの精神的豊かさも欠かせない。

【用法】does not は cannot ともいい、live by は live on ともいう。聖書に由来する表現で、その文脈によると、人はパンのみでなく神の言葉によって生きるというものであった。しかし、現代では、キリスト教の教えにかぎらず、何であれ精神的に価値のあるものをさして使われる。

【ポイント】英語の bread は、パンだけでなく、食物や生計の意になり、この場合は物質的豊かさ全般の比喩となっている。

【参考】新約聖書「マタイ伝」4章の山上の垂訓の一つ。イエスが荒野で断食をしていたとき、悪魔は「本当に神の子なら、目の前の石をパンに変えてみるがよい」といって試そうとした。これに対し、イエスは旧約聖書「申命記」8章のこの言葉を引いて答えたという。

【用例】George has gained almost everything he wants through severe competition—the highest position, fortune, glory, magnificent residence, a woman of peerless beauty. But recently he felt something like emptiness. Man does not live by bread alone.（ジョージは、厳しい競争を経て、自分の欲しいものはほとんどすべて手に入れてきた。最高の地位、資産、栄光、豪勢な邸宅、絶世の美女。しかし、近頃、彼は虚しさのようなものを感じていた。人はパンのみにて生きるにあらず。）

第4章　手中の鳥一羽は藪の中の二羽に値する

〔68〕The best things in life are free.

人生で最高のものにお金はかからない

【意味】人を幸せにしてくれる最もよいものは、無料のもので、お金で手に入れるものではない。

【用法】現代の社会はお金が第一で、人々は少しでも多く稼ごうとあくせくし、お金さえあれば幸せになれると思いがちである。しかし、たとえば愛や友情、美しい自然、リラックスした楽しい一時など、人生で最高のものは金銭と無縁であることを教える。

【ポイント】このことわざには、best と free の意外な組み合わせによって世間の常識とされるものを揺さぶり、発想の転換をうながす新鮮な響きがある。

【用例1】I lost my job last month. Then I was so depressed about my situation. But when I came back to my hometown, I gradually felt refreshed. Its hills, sea, air, and my family; the best things in life are free.（先月、私は失業して、とても落ち込んでしまった。しかし、郷里の町に帰ってきて、少しずつ元気を取り戻した気がする。故郷の山々や海、空気、そして家族——人生で最高のものにお金はかからないんだ。）

【用例2】Don't get depressed about such things. If you are penniless, you can read books in library, and you have some good friends in times of need. The best things in life are free.（そんなことで落ち込むなよ。一文なしになったって本は図書館で読めるし、困ったときには良い友人が何人もいるじゃないか。人生で最もよいものにお金はかからないよ。）

コラム ——ことわざの数量表現

　数は普遍的な概念で、1 + 1 = 2のように、英語でいおうが日本語でいおうが同じことだと、私たちはほとんど無意識に思い込んでいる。これは、数学の数に関しては問題ないが、ことわざの中の数の場合は必ずしもそうとはいえないところがある。

　たとえば、日本語ではよく「三人寄れば文殊の知恵」というが、英語でこれに近いことわざを探しても、ぴったり重なる表現は見当たらない。「三人」にこだわると、Two's company, three's a crowd（二人なら仲間だが、三人は群集、p.46）のように、否定的なものが目につく。結局、少し範囲をひろげ、「三人」にこだわらないことにして、ようやく Two heads are better than one （二つの頭は一つにまさる、p.28）が最も近い表現ということになる。

　また、英語の A stitch in time saves nine（時を得た一針は九針を省く、p.100）では、なぜ nine が出てくるのか、日本語の感覚では理解しがたい。このことわざは、明治時代に「今日の一針、明日の十針」と訳されたが、日本語と英語の数に関する感覚の相違を踏まえた名訳といえよう。

　日本語と英語のよく使われることわざを各 1000 抜き出して、その中の数を比較したことがあるが、英語では two の出てくる表現が多い傾向があり、three は相対的に少なくなっている。逆に、日本語では「二」が相対的に少なく、「三」が突出している点も興味深い。そのほか、ことわざの中に出てくる数ごとに項目数を集計し、グラフに表してみると、日本語では「八」、英語では nine がそれぞれカーブの中で突出し、特異な数であることがわかった。

　ことわざの中の数は、どうやら数学の数とは異なり、象徴的な意味を帯びることがままあり、しかも言語や文化によってニュアンスに微妙な差異があるようだ。

第5章

簡単に来るものは簡単に去る

〔69〕 Easy come, easy go.

　　簡単に来るものは簡単に去る

【意味】自分で努力せずに簡単に手に入れたものは、簡単に失ってしまう。また、苦労せずに手に入ったものは、なくなってもさほど惜しくはない。

【用法】たまたま手に入れたものをすぐに失ったり、壊したりしたときに、そんなものだとさっさと見切りをつける気分で使うことが多い。「悪銭身につかず」と訳されることが多いが、対象が悪事やギャンブルなどで得た金銭に限定されるわけではない。語順を変えて、Come easy, go easy ともいう。

【ポイント】主語がなく、副詞＋動詞を二つ重ねた形で、文法的には極端な省略形ということになるが、ことわざとしては、余分なものをすべてそぎ落とし、効果的な表現となっている。

【用例1】Fred: I heard that you unexpectedly inherited your uncle's property last year. Is it true? Jim: Yeah. But I lost it because of my failure at speculation last month. Easy come, easy go.（フレッド「君は、去年伯父さんの思いがけない遺産を相続したって聞いたけど、本当なの？」ジム「うん、でも先月投機に失敗して、そっくり失ったよ。簡単に来るものは簡単に去るんだね」）

【用例2】Last night fortunately I found a hundred-dollar bill in the street. Then on my way home unfortunately I happened to see a friend and stood him a drink. Come easy, go easy.（昨夜は幸運にも道で 100 ドル札を 1 枚拾った。その帰り道、運悪く友だちに出くわして 1 杯おごってしまった。悪銭身につかずだ。）

第5章　簡単に来るものは簡単に去る

〔70〕If at first you don't succeed, try, try again.

最初にうまくいかなくても繰り返しやってみよ

【意味】最初に成功しなかったからといって簡単に諦めず、何度でもねばり強く挑戦せよ。

【用法】最初の段階で失敗し、くじけそうになっている者をはげまし、我慢強く挑戦し続ければ、やがて成功することを示唆していう。

【ポイント】try を二度繰り返すことによってリズムが生まれ、内側から元気を引き出す表現になっている。

【参考】ちなみに、The first step is always the hardest（最初の一歩はいつだって最も困難だ、p.13）ということわざもある。どんな分野でも最初の一歩を踏み出すことは難しいのだから、一度や二度の失敗でめげてはならないということになる。

【用例1】Fred: I failed in the first exam of French class last week. I have no talent for foreign languages. Jane: Don't be downhearted! The first step is always the hardest. You know that if at first you don't succeed, try, try again. （フレッド「先週、フランス語の最初の試験で失敗しちゃったよ。僕には語学の才能がまるでないんだ」ジェイン「落ち込んじゃダメよ。最初の一歩はいつだって最も難しいんだから。最初にうまくいかなくても繰り返しやってみよっていうでしょ」）

【用例2】Though my idea was valued highly, the first products didn't sell well. However I am going to improve them and try selling them again. At first I didn't succeed, but I will try, and try again. （僕のアイディアは高く評価されたけど、最初の製品はうまく売れなかった。けれども製品を改良して、また売り出してみようと思っている。最初は成功しなかったけど、僕は何度でも挑戦してみるよ。）

[71] He who hesitates is lost.

ためらう者は負ける

【意味】肝心なときに決断できなかったり行動をためらうようでは、成功はおぼつかない。

【用法】どうするか決断をせまられたときに、はっきり自分の意思で方針を決め、ただちに断固として実行しなければ、せっかくの好機を逃してしまうという文脈で使われる。暗に、いまがチャンスではないかと示唆し、ぐずぐずするなというニュアンスである。なお、見出しの表現は男性の場合で、女性が主体のときは、He を She に置き換えて使う。

【ポイント】弱気になったら負けだということで、誇張表現の一種だが、それによって行動に踏みきる勇気を与えてくれる表現にもなっている。

【参考】Opportunity knocks but once（好機は一度しかノックしてくれない）とされている。ことわざの背後には、イエスかノーか常に明確にするように迫り、即断即決を好む社会がかいまみえるといえよう。ただし、ことわざには、まったく逆に軽挙妄動を戒める Look before you leap（跳ぶ前に見よ、p.99）もあることに留意したい。

【用例】Professor: Now our institute is looking for a new researcher. If you apply for it, I'm willing to write a letter of recommendation for you. Student: Thank you, Professor. But let me think it over for a few days. Professor: What? Really? He who hesitates is lost.（教授「いま研究所で研究員を一人募集している。君が応募するのなら、喜んで推薦状を書いてあげるよ」学生「先生、ありがとうございます。でも、2～3日考えさせてください」教授「えっ、本当に？ ためらう者は負けるよ」）

第5章　簡単に来るものは簡単に去る

〔72〕 Better safe than sorry.

後悔するより無事がよい

【意味】何か起きてしまってから悔やむよりも、始めから危険を避け、無事なほうがよい。

【用法】safe は sure でもよい。Better be safe than sorry ともいうが、今日では be を省くことが多い。少々時間や手間はかかっても、リスクは最初からできるだけ回避するほうがよいという文脈で用いる。

【ポイント】主語を省いて簡潔にし、safe [sure] ... sorry と形容詞の語頭を s 音でそろえ、耳に残りやすくしている。

【参考】Nothing ventured, nothing gained（冒険しなければ何も得られない、p.108）とは逆の発想だが、いずれかのことわざが常に絶対的に正しいわけではなく、状況に応じて柔軟に対処するのが賢明であろう。

【用例1】Bill: I am too busy to have a medical check this week. So, ... Jane: But you will be busy next week as well. You had better get a checkup immediately. Better safe than sorry.（ビル「今週は忙しくて病院に行けない。だから…」ジェイン「でも、あなたは来週も忙しいでしょ。検査はすぐ受けた方がいいわ。後悔するより無事がましよ」）

【用例2】Jill: Let's go to the hot spring this weekend. Tom: Good idea! Should we take the train or drive? I think local train is time-consuming, but there might be a traffic jam. Jill: Since we have plenty of time, we'd better take the train. Better safe than sorry.（ジル「週末は温泉に行きましょう」トム「いいね。電車で行くか、車がいいか？　鈍行は時間がかかるけど、車は渋滞するかもしれないね」ジル「時間は十分あるから、電車ね。後悔するより安全がましだわ」）

[73] It's no use crying over spilt milk.

　　こぼれたミルクを嘆いても仕方がない

【意味】やり直しがきかない失敗をしたときは、くよくよしたり嘆いてみてもしようがない。

【用法】Don't cry over spilt milk（こぼれたミルクを嘆くな）ともいう。元には戻せないのだから、いつまでもこだわらず、気持ちを切り換えるしかない、という文脈で用いられる。

【ポイント】「覆水盆に返らず」と訳されることが多い。しかし、二つのことわざは、たしかに似たような情景について述べているが、イコールではない。後者は漢文の故事に由来し、元どおりにはならないことを強調するのに対し、英語のほうは、こぼしたことはいまさら嘆いてもしようがないとするところに重点が置かれている。

【用例1】Mother: What are you crying for? Ann: I dropped my favorite glass on the floor and it shattered into pieces. Mother: Don't cry over spilt milk. Be careful not to injure yourself. I'll pick the pieces up and clean the floor soon.（母「何で泣いてるの？」アン「私のお気に入りのコップを床に落としたら、割れて砕けちゃったの」母「こぼれたミルクを嘆いてもだめ。けがしないように気をつけて。お母さんがかけらをぜんぶ拾って、すぐ床をきれいにするから」）

【用例2】Frankly speaking, it was silly that you quit your job. But it's no use crying over spilt milk. You should start back at the beginning.（率直に言って、君が仕事をやめたのはばかげてたね。だけど、こぼれた牛乳を嘆いてみたってはじまらない。ここは一からやり直すしかないよ。）

第5章　簡単に来るものは簡単に去る

〔74〕If you can't beat them, join them.

勝てなければ仲間に入れ

【意味】自分流では勝てないとわかったら、相手を受け入れ、仲間に入ってしまえ。

【用法】負ける側はつい頑なになりがちだが、相手のよいところを認めて柔軟に対処し、相手側に加わってもよいという文脈で使われる。くだけた口語では、If you can't lick 'em, join 'em（意味はほぼ同じ。'em は them の意）ともいう。

【ポイント】アメリカ流の強気な積極主義とはまったく対照的で、柔軟な対処法といえ、ことわざのしたたかな現実主義がうかがわれる。「長いものには巻かれよ」にも通じるが、あっけらかんとして卑屈さがない。

【用例1】Alan: Will you go to karaoke with us? I can't believe it! You said you hated people who sang at karaoke. Lisa: Well, all of you are fond of karaoke. If you can't beat them, join them.（アラン「君もカラオケに一緒に行くの？　信じられないね。カラオケで歌う人は嫌いだって言っていたくせに」リーサ「そうだけど、みんなカラオケが好きでしょ。勝てないなら仲間に入れよ」）

【用例2】Albert's style of writing was rather stiff and hardly accepted by ordinary people. Recently he realized it and he has changed his style. Probably since he couldn't beat them, he joined them.（アルバートの文体はどちらかというと硬いので、一般大衆にはほとんど受け入れられなかった。最近、彼はこのことを自覚して、文体を変えるようになっている。おそらく、彼は勝てなかったので仲間に入ったのだろう。）

〔75〕If you can't stand the heat, get out of the kitchen.

熱気に耐えられないならキッチンから出ろ

【意味】キッチンは火を使うから熱いのは当たり前で、それが嫌なら出て行くしかない。コックとかぎらず、どんな仕事にもプレッシャーなどのマイナス面はつきもので、耐えられなければやめるしかないというたとえ。

【用法】前半は If you don't like the heat（熱気が嫌なら）ともいう。仕事がきつい、条件が悪いなどと弱音を吐く者に対して、そんなに消極的でどうするんだと、突き放していうことが多い。

【ポイント】その場の話題と直接関係のないたとえを引いて、誇張表現の反語で説得しようとしている。この stand は、耐える意の他動詞。

【用例1】Alan: I didn't think the work of a school teacher would be so busy and stressful. I'm envious of you. Joe: Don't say such a thing. If you can't stand the heat, get out of the kitchen. （アラン「学校の先生の仕事がこんなに忙しくて、ストレスいっぱいとは思っていなかった。君がうらやましいよ」ジョー「そんなことをいうもんじゃない。熱気に耐えられないならキッチンから出ろよ」）

【用例2】Jane: This course is too hard for me. It takes two hours or more to prepare for each class. Kate: I'm sure it will help you some day. If you don't like the heat, get out of the kitchen. （ジェイン「この科目はきつすぎるわ。授業準備に毎回2時間以上かかるんだから」ケイト「それが将来役に立つことは間違いないわ。熱気が嫌ならキッチンから出るのね」）

第5章　簡単に来るものは簡単に去る

〔76〕 Don't cross the bridge till you come to it.

橋に着く前に橋を渡るな

【意味】実際に問題が起きるかどうかわからないうちから、いたずらに心配することはないというたとえ。取り越し苦労をすることはない。

【用法】あれこれ考えすぎて不安がる人に対し、そんなに先走って心配することはないという文脈で用いられる。肯定形の命令文にして、Cross the bridge when one comes to it（橋まで着いてから橋を渡れ）ともいう。

【ポイント】現実には、もちろん、橋のところまで行かなければ橋を渡ることはできない。しかし、あえて現実にはあり得ない比喩を用いることによって、発想の転換を強くうながしている。

【参考】西欧の中世の橋は、修理されず危険なものや渡り賃を取られるものもあり、旅行者は不安な思いで用心しながら渡ることが多かったという。

【用例1】Fred: I was so anxious about the result of the exam that I couldn't sleep well. Bob: Don't cross the bridge till you come to it. You did your best and the result will follow you.（フレッド「試験の結果が心配になって、よく眠れなかったよ」ボブ「橋に着く前に橋を渡るなよ。君はベストを尽くしたんだから、結果はついてくるさ」）

【用例2】The ferry-boat is canceled because of the storm today. If the storm is not over by tomorrow, I don't know what to do. Anyhow I'll cross the bridge when I come to it.（今日のフェリーは嵐で欠航だ。明日までに嵐がやまなければ、どうしようもないよ。まあ、そうなったらそうなったときのことだ。）

〔77〕New brooms sweep clean.

新しい箒はきれいに掃く

【意味】新たに着任した責任者は、スタッフや仕事のやり方を大きく変える。また、新任の者は、最初のうちはとてもよく働く。

【用法】新任の上司が厳しかったり、従来の慣例に従わず新風を吹き込もうとするのはよくあることだ。また、仕事に就いたばかりの新人は実力を認めてもらおうと張り切って仕事をするのも当然のこと、という文脈で用いられる。しかし、暗にそれも最初のうちだけというニュアンスを伴うこともある。

【ポイント】箒が新しいうちはきれいに掃けるが、古くなるとすり切れてよく掃けなくなることに着目した比喩表現。ヨーロッパの多くの言語で、ほぼ同じ表現が広く使われている。

【用例1】Since the new boss arrived at his post, the atmosphere of our office has certainly changed. He works energetically and is always willing to have a friendly chat with anyone after work. New brooms sweep clean.（新しい支店長が着任してから、たしかにうちの職場は雰囲気が変わってきた。支店長はエネルギッシュに働くけど、仕事が終わると誰とでも気さくに話をしてくれる。新しい箒はきれいに掃けるってことだね。）

【用例2】Nancy: The new teacher sometimes scolds us sternly. I'm very anxious about the result of the examination. Ellen: You are sure to pass the exam. New brooms sweep clean.（ナンシー「新しい先生は時々私たちを厳しく叱るの。試験の結果がとても心配だわ」エレン「あなたはだいじょうぶ及第するわ。新しい箒はきれいに掃くだけよ」）

第5章　簡単に来るものは簡単に去る

〔78〕A leopard cannot change his spots.

ヒョウは斑点を変えられない

【意味】持って生まれた性質や長い年月の間に身についたもののやり方は、簡単に変えられないことのたとえ。

【用法】A は The でもよい。好ましくない性質などについて否定的にいうことが多く、たとえ本人が努力しても無理というニュアンスが付随する。

【ポイント】女性を話題にするときは、leopard を leopardess と女性形にする。

【参考】旧約聖書「エレミア記」13章に由来する表現で、古くから使われてきた。

【用例1】Though Jimmy has become a millionaire, he is always stingy about money matters. A leopard cannot change his spots.（ジミーは大金持ちになったけど、いつもお金のことになるとケチケチしてる。ヒョウは斑点を変えられずさ。）

【用例2】Kate: Jane will remarry next month, you know? Jill: Congratulations to her. But I'm a little anxious about her remarriage. Kate: Why? Jill: I heard that her former husband divorced her because of her meddling in his affairs. Can a leopardess change her spots?（ケイト「ジェインが来月再婚するんだって」ジル「おめでたいことね。でも、私はちょっと心配してるの」ケイト「どうして？」ジル「彼女が離婚されたのは、前夫のすることにいちいち干渉したせいだって聞いたわ。雌ヒョウが斑点を変えられるかしら」）

〔79〕First come, first served.

最初に来た者が最初にもてなされる

【意味】何事も最初に来た者に優先権があり、後から来た者はその後になる。早い者勝ち。

【用法】特に予約などしていなければ、その場に早く着いた者から順に応接され、品物や座席などが手に入るのが当然だという文脈で用いられる。逆に、人より遅く行ったのでは後回しにされ、十分なサービスが受けられないから、早く行こうということにもなる。

【ポイント】文法的にはかなり破格の表現で、パソコンに入力すると、ソフトによって間違いではないかと警告されることもある。しかし、ことわざでは、文法的に形式がととのっていることよりも簡潔で印象に残ることが優先され、一般に意味が通じるかぎり最も短いものが通用することが多い。

【用例1】I think the knack of getting rare books at the book market is to become an early bird. Since it's strictly "First come, first served," you should queue up as early as you can.（古書市で稀覯書を手に入れるコツは、早起き鳥になることだと思う。厳密に早い者勝ちなんだから、可能なかぎり早く行って列に並ぶことだよ。）

【用例2】Customer: Waiter! What I ordered hasn't arrived yet. First come, first served; you know? Waiter: Sorry, please wait a moment. Of course I know you're the first one.（顧客「ボーイさん、私の注文したものがまだ来てないよ。早い者順だろう？」ボーイ「すみません、もう少々お待ちください。もちろん、お客様が最初に注文されたことはわかっています」）

第5章　簡単に来るものは簡単に去る

〔80〕Don't put the cart before the horse.

馬の前に荷車をつけるな

【意味】馬に引かせる荷車を馬の前につけたのでは、うまくいくはずがない。物事の順序があべこべであることのたとえ。

【用法】先にすべきことをすませずに次のことをやっているので、進め方がおかしいと指摘する。せっかちすぎるので、もっと着実にやらなくてはいけない、ということにもなる。

【ポイント】現実に、馬の前に荷車をつけることはありえないだろう。しかし、こういう場合の比喩は、むしろ非現実的で、極端に誇張したもののほうがユーモラスでわかりやすく、言われたほうも気持ちがなごんで、素直に受け入れやすくなる。

【用例1】Husband: Let's go to see Kabuki this weekend. I've booked two special seats. Wife: Don't put the cart before the horse. I don't like it so much.（夫「今度の週末は歌舞伎を観にいこう。特別席を二つ予約しておいたよ」妻「馬の前に荷車をつけないで。私は歌舞伎がそんなに好きじゃないわ」）

【用例2】At first you had better learn a basic knowledge of Danish steadily. Then you may read Andersen's fairy tales or anything else in Danish. Don't put the cart before the horse.（君は、まず最初に、デンマーク語の基礎を着実に学んだほうがいいよ。それから、アンデルセンの童話でも何でもデンマーク語で読めばよい。順序を逆にしちゃだめだよ。）

[81] Honesty is the best policy.

正直は最善の策

【意味】正直であることは、倫理的に正しいばかりでなく、現実に最もよい結果をもたらす。

【用法】何か失敗したり不都合な事態になったときに、嘘をついたり取り繕ったりするよりも、本当のことをいうのがいちばんよい結果になるという文脈で用いられる。

【ポイント】倫理的な honesty を選択する根拠として、実利的な policy という対極的な語をあえて持ち出すことによって、単なるお説教以上の説得力をもたらしている。

【用例1】Lisa: Oh dear! I forgot that I had an appointment with Jill at three. What excuse should I give her? Mother: Don't worry. Honesty is the best policy.（リーサ「いけない！ 3時にジルと会う約束をしていたのを忘れてたわ。私、どうやって言い訳したらいいの？」母「だいじょうぶ。正直が最善の策よ」）

【用例2】Son: Why did the governor resign his position? Father: Perhaps because he didn't know the true meaning of the proverb: Honesty is the best policy. When he was accused by the media regarding his political expenses, he concealed the truth and told a false story.（息子「どうして知事は辞職したの？」父「たぶん、正直は最善の策ということわざの本当の意味がわかっていなかったからだろう。政治資金の使い道についてメディアに追及されたときに、彼は真実を隠して、作り話をしたんだよ」）

第5章　簡単に来るものは簡単に去る

〔82〕Two wrongs don't make a right.

二つ過ちを重ねても正しいことにはならない

【意味】他の人が悪いことをしているから、自分もやってよいということにはならない。また、相手にひどいことをされたからといって、同じような手段で報復してはならない。

【用法】悪いことは誰がやっても悪いことで、他人もやっているからといって許されるものではない。自らの行動の責任を他人のせいにすべきではないということで、子どもの教育のほか、社会的な問題についても使われる。

【ポイント】An eye for an eye（目には目を、p.106）がしばしば人間の原始的な感情に訴え、報復をあおるのとは対照的に、自律的で穏やかな庶民の倫理を子どもにもわかりやすく説くことわざである。

【用例1】Child: Those children are eating salad and roast beef with their fingers. I want to, too. Mother: Where are your manners? Two wrongs don't make a right.（子ども「あの子たちはサラダとローストビーフを手づかみで食べてるよ。僕もやりたいな」母親「あなたのお行儀はどこへ行っちゃったの？　間違いを二つ重ねても正しいものにはならないのよ」）

【用例2】Tom: Ted always attacks me with dirty tricks. I have made up my mind to teach him someday. Sandra: You shouldn't get involved with such a man. Two wrongs don't make a right.（トム「テッドはいつも汚い手を使って、僕を攻撃してくるんだ。いつか痛い目に遭わせてやる決心をしたよ」サンドラ「あんな男にはかかずらわないほうがいいわ。二つ過ちを重ねても正しいことにはならないんだから」）

[83] Cast pearls before swine.

豚に真珠を投げる

【意味】価値のわからない者に美しいものや貴重なものを与えることのたとえ。

【用法】Cast は Throw でもよい。どうせ価値がわからないのだから、無駄である（意味がない）という否定的文脈で用いる。また、否定形にして、Don't cast pearls before swine ともいう。

【ポイント】「猫に小判」に通じる表現で、日本では、後者の影響を受けて「豚に真珠」の形で通用しているが、英語では、動詞 cast または throw が欠かせない。

【参考】古くは Cast not pearls before swine（豚に真珠を投げてはならない）と否定形でいった。新約聖書「マタイ伝」7 章に由来するもので、聖書には「神聖なものを犬に与えてはならず、また、真珠を豚に投げてはならない」とある。否定形のほうが原典に近いといえるが、一般には見出しの肯定形が比較的多用され、キリスト教の教義とほとんど関わりなく使われる。

【用例】Rick: Professor Spenser's lecture is so boring for me that I can't stop nodding off. Jane: No, I don't agree. I am interested in his well systematized theory. However, he may be casting his pearls before swine.（リック「スペンサー教授の授業は退屈で、つい居眠りしちゃうよ」ジェイン「そんなことないわ。私は先生の体系化された理論に関心があるの。でも、先生は豚の前に真珠を投げてるのかもしれないわね」）

第5章　簡単に来るものは簡単に去る

[84] When the cat's away the mice will play.

猫がいないと鼠たちが跳ね回る

【意味】上位の者やうるさい監視役がいなくなると、下位の者は勝手にはしゃぐ、というたとえ。

【用法】跳ね回ることの当否は保留して、ことわざは、とりあえずそうなりがちだとか、そういうものだと指摘する。このような行動を否定的にみるか、許容するかは、ことわざを引く者にゆだねられるといってよい。

【参考】日本語の「鬼の居ぬ間の(命の)洗濯」に通じよう。後者は、「鬼」を引き合いに出すことで、羽をのばす者に同情的な表現となっている。

【用例1】Alan: Ladies and gentlemen, let's have a drink on the roof this evening. Ellen: What? … Oh, I see. When the boss is away on official business the mice will play.（アラン「紳士淑女諸君、今宵は屋上で一杯やろうではないか」エレン「えっ？　あ、そうか。ボスが出張で留守となると、鼠たちが跳ね回るってことね」）

【用例2】Though Jane and her brother, Bob are usually obedient children, they romped around while their parents were out. When the cat's away the mice will play.（ジェインと弟のボブは、ふだんはおとなしい子どもたちだけど、両親が外出すると大はしゃぎで跳ね回った。猫がいないとネズミたちがさわぐものさ。）

[85] The grass is always greener on the other side of the fence.

芝生は垣根の向こう側がいつも青々としている

【意味】他人のものは、とかく何でも自分のものよりもよく見えることのたとえ。

【用法】なぜか他人のものがよく見え、うらやましく感じるのは、誰にでも多少はある心理だろう。実際はうらやむほどのものではなく、欠点や悩みもあることを示唆して用いられる。よく知られた表現なので、末尾の of the fence は省略することもある。

【ポイント】日本でもＴＶドラマ「となりの芝生」（橋田壽賀子作、1976年）によって、「隣の芝生（は青い）」として広く知られるようになった。そのため住宅団地の隣人をイメージしがちだが、英語では必ずしも隣人にかぎらず、まったく別の境遇の人を比較の対象にする場合もある。

【参考】アメリカでは、19世紀後期から芝生のきれいな庭付きの一戸建て住宅に住むことが庶民の夢となっていた。

【用例1】Bill: I could have a new car like Tom's. Jill: But he envies yours as a classic car. The grass is always greener on the other side of the fence.（ビル「トムみたいに新車が買えるといいなあ」ジル「でも、彼はあなたの車がクラシック・カーだと羨んでいたわ。隣の芝生はいつでも青く見えるのよ」）

【用例2】Ted: I wish I lived in such a country. I am suffering from the stress of city life. Joe: I have a longing for city life. The grass is always greener on the other side.（デッド「俺はこういう田舎で暮らしたかったなあ。都会生活のストレスでまいってるんだ」ジョー「僕は都会生活にあこがれているよ。隣の芝生はいつも青いんだな」）

第 5 章　簡単に来るものは簡単に去る

〔86〕A rolling stone gathers no moss.

転がる石に苔はつかない

【意味】①仕事や住まいをよく変える人はお金がたまらない（出世できない）。②活動的な人はいつまでも清新でいられる。

【用法】転職や転居を繰り返す人に対して、①の意では否定的に用いられ、②の意味では肯定的に用いられる。従来は、前者はイギリス、後者はアメリカの用法とされてきた。しかし、個人差もあり、今日では英米ともに両方の解釈が混在し、優勢な解釈が異なると解すべきだろう。

【ポイント】このことわざの解釈は、苔を好ましく感じるか否かで変わり、転職や転居に対する社会的感覚が英米で異なることも影響している。日本では、「転石苔を生ぜず」がある程度定訳となっているが、文脈に応じて適宜柔軟に訳してよいだろう。

【参考】イギリスのロック・グループ"ローリング・ストーンズ"は、ことわざを意識して名乗ったものである。

【用例1】Fred: How is your son? Tony: To tell the truth, I worry about him constantly. He has changed his job many times, and never settled down in the same place for more than two years. A rolling stone gathers no moss, you know.（フレッド「息子さんはどうしてる？」トニー「じつをいうと、いつも心配している。何度も転職し、一箇所に2年と住んだことがないんだ。転石苔を生ぜずだよ」）

【用例2】Anita has been headhunted by a foreign company once again. She's a competent person and always has fresh ideas. A rolling stone gathers no moss.（アニータはまた外国企業にヘッドハンティングされた。彼女は有能で、いつも新鮮なアイディアを持っている。転がる石に苔はつかないんだね。）

コラム──ことわざのレトリック

　アメリカの口承文芸研究者アラン・ダンデスは、ことわざはフォークロア（口承文芸）の中で最も短いジャンルだが、決して単純ではないと述べていた。

　そう言われてみると、Make haste slowly（ゆっくり急げ、p.70）はわずか3語で、初めて聞くととっさに理解できず、ちょっと考えさせるレトリック（撞着語法）が使われている。Misery loves company（不幸は仲間を愛す、p.29）も3語で、擬人法で不幸をとらえ、二通りの意味で使われていて、印象深い。

　そこまで短くなくても、A watched pot never boils（見つめる鍋は煮立たない、p.102）と言われると、情景とともにその場の心理まで浮かんでくる。現実には、鍋はやがて煮立ってくるはずだが、never（決して～しない）と誇張することでユーモアさえ生まれている。It takes two to tango（タンゴを踊るには二人いる、p.47）と聞くと、男女のペアが華麗に踊るタンゴが目に浮かび、少し想像力を働かせると、比喩的な意味の広がりもおのずから納得できよう。

　なかには、Still waters run deep（静かな淵は深い、p. 3）や The squeaky wheel gets the grease（きしる車輪は油をさされる、p. 2）のように、知らなければ理解できないものもあるが、意味や用法を知り、用例をみていくと、当初わからなかった分だけむしろ奥深さが感じられ、年齢を重ねることで理解が深まるものも少なくない。

　では、なぜ、短いことわざにこれほど多様なレトリックが使われ、私たちの印象に残るのだろうか。おそらく、話の順序が逆で、始めにことわざがあったわけではない。民衆の会話から生まれた表現の中に着眼点が鋭く、共感を呼ぶものがあり、そこから余分なものをそぎ落とされ、時に改変されながら、結果として洗練されたものが伝承され、ことわざと呼ばれるようになったのではないだろうか。

第 6 章

終わりよければすべてよし

[87] Strike while the iron is hot.

鉄は熱いうちに打て

【意味】鉄は、熱して真っ赤になっているうちに打たなければ、思うように成形できない。物事には時機があり、好機を逃してはならないことのたとえ。

【用法】好機が訪れたら直ちに積極的に行動せよ（逃したら二度と好機は訪れない）という文脈で、暗にいまがその時機だと示唆する。

【ポイント】江戸時代後期にオランダ語から、その後も英語などから日本語に入って、ことわざとして現在もよく使われている。ただし、特に青少年について若いうちに鍛えよという意味で使うのは、戦前の国定教科書の影響によって派生した日本独特の用法で、英語では通用しないことに注意したい。

【参考】古代ローマ時代からの古いことわざで、ヨーロッパの多くの言語にほぼ同じ内容のものが認められる。

【用例1】Bill: I found the complete works of Shakespeare at a secondhand bookstore. They are amazingly cheap because of a special bargain sale now. Ted: Thank you！ I'm going to buy them at once. Strike while the iron is hot.（ビル「古本屋にシェイクスピアの全集があったよ。バーゲンで驚くほど安かった。」テッド「ありがとう。すぐ買いに行くよ。鉄は熱いうちに打てだ」）

【用例2】I advise you to propose to Mary while she is in a good mood. Strike while the iron is hot.（私のアドバイスは、メアリーの機嫌がよいうちにプロポーズしなさい、ということね。機を逸しちゃだめよ。）

第6章　終りよければすべてよし

〔88〕 Look before you leap.

跳ぶ前に見よ

【意味】新たな行動を起こすときは、その結果がどうなるのか、どんなリスクがあるのか、前もって慎重に考えなくてはいけない。

【用法】積極的な行動を否定するわけではないが、マイナス面にも目を向け、取り返しのつかないことにならないように熟慮せよ、と警告する。

【ポイント】これは単なる比喩ではなく、イソップ寓話の"引喩"（allusion）である。こうした表現は、機械的に意味だけを覚えようとするよりも、元の寓話の内容を知っておくほうが自然に記憶に残り、身につく。

【参考】イソップ寓話「狐と牡ヤギ」を簡単に紹介しておこう。井戸に落ちた狐が、近くを通りかかったヤギに井戸水がとてもおいしいと話しかける。喉が渇いていたヤギは何も考えずにひょいと飛び降り、水を飲んだ後で地上に戻ろうとするが、戻れなくなる。これを見ていた狐は、ヤギに踏み台になってくれれば、自分が先に外に出て後でヤギを引き上げようと提案する。しかし、ヤギを踏み台にしてまんまと脱出した狐は、ヤギの愚かさをあざ笑い、助けることなく去っていったという。この寓話の教訓が「跳ぶ前に見よ」であった。

【用例】John: My job is so tedius. I want to have my own business like Teddy does. Jill: Teddy has suffered hardship upon hardship in his business. Look before you leap.（ジョン「いまの仕事はうんざりだ。テディみたいに自分で商売をしてみたいよ」ジル「テディは、商売でたいへんな苦労のしっぱなしよ。跳ぶ前に見よだわ」）

[89] A stitch in time saves nine.

　　　　時を得た一針は九針を省く

【意味】衣服の綻（ほころ）びは、見つけた時にすぐ繕（つくろ）えば、後で多くの手間をかけなくてすむ。何事も問題が小さなうちに適切に対応すれば、後で大問題にならないことをたとえている。

【用法】文字どおり衣服などの繕いについて使うことも稀にあるが、多くは他のさまざまな問題について比喩的に使われる。

【ポイント】nine は、他の言語と比較すると、英語のことわざに相対的によく出てくる数で、量が多いことを象徴的に示すことが多い。

【参考】in time は「間に合った」という意味合いだが、ことわざとして口調よく、違和感がないように訳すのは簡単ではない。明治期の翻訳、「今日の一針（ひとはり）明日の十針（とはり）」は、日本語の風土に合わせて数を選択し、脚韻を交えて英文の趣旨を伝える名訳といってよいだろう。

【用例1】I found some cracks on the brick wall this morning. I am going to patch them in the afternoon. A stitch in time saves nine.（今朝、私はレンガ壁に亀裂が入っていることに気づいた。午後には自分で補修しておこう。今日の一針は明日の十針だ。）

【用例2】Ellie looked disagreeable this morning. Though I don't know why, I'll come home with her favorite cake this evening. A stitch in time saves nine.（エリーは、今朝不機嫌そうだった。どうしてか理由はわからないけれど、夕方には、彼女のお気に入りのケーキを買って帰ることにしよう。時を得た一針は九針を省いてくれるんだから。）

第6章　終りよければすべてよし

〔90〕 Make hay while the sun shines.

日が照るうちに干し草を作れ

【意味】好機が訪れたら、好条件を生かして、速(すみ)やかにやるべきことをやってしまわなくてはいけない。ぐずぐずしていると、せっかくの機会を逃してしまう。

【用法】条件に恵まれているうちに、さっさとやってしまおうという文脈で用いる。好機に気づかなかったり、まだ時間はあると高をくくって仕事を片づけようとしない者に対していうことが多いが、自ら想起することもある。

【参考】干し草は冬の家畜の飼料として重要なもので、秋の気候のよいうちに何度もひっくり返し、乾燥させて作る。しかし、好天が続き、まだしばらくは大丈夫と高をくくっていると、天候は急変することもあるので油断はならない。

【用例1】Mary: Let's go shopping in town! It's a special bargain day at the department store. Ann: Why not? Make hay while the sun shines. (メアリー「街まで買物に行きましょう。今日はデパートのバーゲンセールよ」アン「もちろん、行くわ。日が照るうちに干し草を作れね」)

【用例2】Jill: I have nothing to do during this vacation. Mother: Then I recommend that you to take driving lessons. Jill: Great! I'll reserve some right now. Make hay while the sun shines. (ジル「今度の休暇は何にもすることがないの」母「じゃあ自動車の教習所に通ってみたら」ジル「いいわ！ 私、いますぐ予約します。日が照るうちに干し草を作れよ」)

〔91〕A watched pot never boils.

　　見つめる鍋は煮立たない

【意味】じっと待っている時間はとても長く感じられ、なかなか終わらない。

【用法】鍋が煮立つのをじっと待っている光景と待つ者の心理を比喩に、あまりに神経を集中して待っていると、時間がほとんど止まってしまったように感じられることを表現する。待っている人を批評し、何か別なことをすれば時間がすぐたつことを示唆する。また、ことわざを想起することによって、自らの置かれた状況を客観視することもできる。

【ポイント】理屈をいえば、見つめていようがいまいが、鍋が煮立つまでの時間に変わりがあろうはずはない。しかし、客観的にはそうであっても、心理的な真実はおのずから別であろう。ことわざは never boils と強く否定することによって、その違いを巧みに示している。

【用例1】An eclipse of the sun had already begun. The blue sky got darker and darker. We were waiting for the moment when an annular eclipse would occur. There were only five minutes before the eclipse, but a watched pot never boils.（日食はすでに始まっていた。青空がますます暗くなっていった。私たちは、金環食がおきる瞬間を待っていた。その瞬間まであと５分しかないのだが、見つめる鍋は煮立たない。）

【用例2】You'd better exercise or do something else besides wait for Linda's call. A watched pot never boils.（リンダの電話ばかり待っていないで、運動するか、何か他のことをやったほうがいいよ。見つめている鍋は煮立たないんだから。）

第6章　終りよければすべてよし

〔92〕 It never rains but it pours.

降れば土砂降り

【意味】なかなか降ってこない雨が、降り出すと土砂降りになる。ふだん滅多にないことが、たまたま起きるときは立て続けに起きることをたとえていう。

【用法】悪いことや好ましくないことについて使われるのがふつうだが、稀によいことや歓迎すべきことについて使われる場合もある。When it rains, it pours ともいう。

【ポイント】文字どおりには、滅多に降らないのに降れば必ず土砂降りになる、ということになる。しかし、これはことわざ特有の誇張表現で、現実には100パーセント土砂降りにならなくても、そう感じるという心理的真実があればよい。

【参考】英語教育を通じて、日本でもある程度なじみのある表現となっている。ただし、日本では、「弱り目に祟り目」のように、もっぱら悪いことに使われると思い込みがちであった。

【用例1】People in this region suffered from typhoons twice this year. To make matters worse, a strong earthquake hit the region yesterday. Alas! It never rains but it pours.（この地方では、今年は二度も台風で被災している。おまけに昨日は強い地震に襲われた。なんてこった！降れば土砂降りだ。）

【用例2】Though our little guest house is usually almost empty, it's fully reserved this week. So, I've had to refuse calls for reservations again and again. It never rains but it pours.（私たちの営む小さな旅宿は、ふだんはほとんどお客様がいないのに、今週は予約でいっぱいになっている。そのため、私は予約の電話を繰り返し断らざるをえなかった。降れば土砂降りね。）

〔93〕 For want of a nail the shoe was lost …

釘1本欠けて蹄鉄を失い……

【意味】この後に、本来は for want of a nail the shoe was lost; for want of a shoe the horse was lost; and for want of a horse the rider was lost（蹄鉄一つ欠けて馬一頭を失い、馬一頭欠けて騎手一人を失った）と続く。一見ささいな問題を見過ごし放置したことから、連鎖的に被害が大きくなり、最後にはきわめて深刻な事態におちいることをたとえていう。

【用法】the rider は the man（兵士）ともいう。小さなことにも十分に注意して、大事に至らぬように用心しなさいという文脈で用いる。長いので、会話では最初の一節だけを引くことが多い。形式は異なるが、内容は「千丈の堤も蟻の一穴から」に通じよう。

【参考】英米では幼時から馴染みのある『マザー・グース』の童謡に由来する。よく知られているので、冒頭の一節を引くだけで、ある程度テキスト全体を想起できるものといえよう。なお、童謡は、さらに次のように続いていく。for want of a rider the battle was lost; for want of a battle the kingdom was lost, and all for the want of a horseshoe nail.（騎手一人欠けて戦に敗れ、一度の負け戦で王国を失った。それもこれも蹄鉄の釘一本を欠いたため。）

【用例】Father: Enjoy motor trip to Canada. But before you start, check your car carefully. Son: OK, I'll follow your advice. I just remembered the old saying, "For want of a nail the shoe was lost …"（父「カナダへのドライブ旅行を楽しんでおいで。だけど、出発前に車の点検だけはしっかりやっておきなさい」息子「わかった、そうするよ。僕も、釘1本欠けて蹄鉄を失い…って、古いことわざを思い出したところだった」）

第6章　終りよければすべてよし

〔94〕An ounce of prevention is worth a pound of cure.

1オンスの予防は1ポンドの治療に値する

【意味】少し健康に気を配り、病を予防していれば、後で病気にかかって治療にたいへんな苦労をすることはない。また、健康にかぎらず、何事もあらかじめ問題が起きないように対処していれば、後で大きなつけを払うようなことをしないですむ。

【用法】健康についていうこともあるが、比喩的に社会的な問題などについていう場合も多い。

【ポイント】1オンスは約28グラムだが、この場合、メートル法への換算は特に考えなくてもよい。大事なのはオンスとポンドの関係で、1オンスは16分の1ポンドだから、オンスはごく軽いもの、ポンドは重いものをそれぞれ象徴している。

【参考】英語のことわざには、他にも An ounce of discretion is worth a pound of wit（1オンスの分別は1ポンドの機知に値する）のように、オンスとポンドで対比した表現がみられる。

【用例1】You look so tired. Take a hot chocolate and go to bed early tonight. An ounce of prevention is worth a pound of cure.（君はだいぶ疲れているようだ。熱いココアを飲んで、今夜は早く寝なさい。1オンスの予防は1ポンドの治療に値するよ。）

【用例2】If you carried out routine maintenance, I think your car is OK. An ounce of prevention is worth a pound of cure.（日頃から所定のメンテナンスをちゃんとやっていれば、君の車はだいじょうぶだと思う。1オンスの予防は1ポンドの治療に値するってことだよ。）

[95] An eye for an eye.

目には目を

【意味】被害をこうむった者には、加害者に対し同等の復讐をする権利がある。また、加害者に対し被害に見合った報復をせよ、ということにもなる。

【用法】この後、さらに and a tooth for a tooth（歯には歯を）と続けることもある。古代からハムラビ法典などにみられる表現で、いわゆる同害刑法を象徴する。近代法では、私的復讐は許されないが、今日なお政治的ないし軍事的抗争のなかで、やられたらやり返せと報復をあおるスローガンとして使われることが少なくない。

【ポイント】被害者や関係者の抗議と憤りを端的に示す表現として、知っておく必要があるが、第三者が正義としてむやみにふりかざすべき表現ではない。

【参考】この表現は旧約聖書「出エジプト記」21章などにも出てくるが、イエスはこれを否定し、右の頬を打たれたら左の頬を差し出せと説いていた（「マタイ伝」5章）。

【用例】I hated the driver who broke my left leg and ran away. On the bed of the emergency hospital, I remembered the saying, "An eye for an eye" repeatedly. Nevertheless, when I heard that he surrendered to the police, my rage calmed down slowly and at last I made up my mind to forgive him.（引き逃げにあって左脚を骨折した私は、ドライバーを憎みました。病院のベッドで「目には目を」という言葉を繰り返し想起していました。しかし、ドライバーが自首したと聞いて怒りは徐々に収まり、最後には彼を許す決心をしたのです。）

第6章　終りよければすべてよし

〔96〕As you sow, so shall you reap.

播いたものは自分で刈らなければならぬ

【意味】自分の行為の結果は、やがて己に返ってきて、自ら責任をとらなければならないことのたとえ。

【用法】As a man sows, so shall he reap（人は播いたように刈ることになる）ともいう。悪いことをしていれば、いずれ悪しき結果がもたらされ、良いことをしていれば、いつか良い結果がもたらされる。いわゆる因果応報の発想で、自分が行なったことは、やがて自分に降りかかってきて、最終的に自分が引き受けるしかないことが強調される。

【ポイント】英語のことわざに代名詞が出てくる場合、使う状況によって適宜他の人称に変えることになるので、注意したい。

【参考】You reap what you sow（播いたものを刈る）ともいう。新約聖書「ガラテヤ書」6章に由来するとされる。

【用例1】Grandma: Be kind to everyone, and you'll have many friends. As you sow, so shall you reap. Grandchild: Yes, grandma. I will do to others as I would like to be treated.（祖母「誰にでも親切にすれば、友だちがたくさんできるわ。人は自分の播いたものを刈ることになるの」孫「はい、おばあちゃん。私は、自分がしてほしいように、人にもするわ」）

【用例2】I realized that I could never escape the past. Then I decided to give up my position. As I sow, shall I reap.（私は過去から逃れられないことを覚った。そして、私は職を辞する決意をした。自業自得であった。）

[97] Nothing ventured, nothing gained.

冒険しなければ何も得られない

【意味】危険をおかさずに大きな成果を挙げることはできない。リスクを負わなければ得るものもない。虎穴に入らずんば虎児を得ず。

【用法】何か大きな成果や成功をおさめようとすれば、自らリスクを引き受けて決断し、断固行動しなければならないという文脈で用いられる。

【ポイント】簡潔な表現で Nothing 〜 ed を繰り返し、歯切れがよく、印象に残る。

【参考】とはいえ、どの程度のリスクか見極めることはもちろん重要で、Look before you leap（跳ぶ前に見よ、p.99）、Better safe than sorry（後悔するより安全がまし、p.81）と、まったく逆のことわざもある。

【用例1】Interviewer: What did you do to become a millionaire? Millionaire: I bought many enterprises in the red at the lowest price and restored them, then sold them for a good profit. Interviewer: It's a very risky business, isn't it? Millionaire: That's right. But nothing ventured, nothing gained.（記者「どうやって資産家になったのですか？」資産家「多くの赤字企業を最も安く買い、再建しては売って大きな利益を得てきた」記者「とてもリスクの大きいビジネスですね」資産家「そのとおり。でも冒険しなけりゃ何も得られないよ」）

【用例2】Though I didn't have the confidence to make my living by writing, I resigned my post at the company at age 40. I made up my mind to become an author, since nothing ventured, nothing gained.（私は著述で食べていく自信はなかったが、40歳で退社した。作家になる決心をしたのは、冒険しなければ何も得られないからだった。）

第6章　終りよければすべてよし

〔98〕Where there's a will, there's a way.

意志のあるところには道がある

【意味】かならず実現しようとする強い意志があれば、道はおのずから開ける。

【用法】さまざまな困難を前に、ともすれば挫けそうになる者に対して、明確な意志を持って努力すれば目的を達成する手だてが見えてくる、と励ますことが多い。

【ポイント】there's a w ～音を繰り返し、響きがよい。また、意志があれば成功すると短絡せず、そこに到る way（道、手だて）が見つかるとすることによって、むしろ説得力が増している。

【用例1】Ellie: Though I want to contribute to the social welfare in my home town in the near future, I haven't much experience as a social worker. Tom: Don't worry so much. Where there's a will, there's a way.（エリー「近い将来、故郷で社会福祉に貢献したいと思ってるけど、ソーシャルワーカーとしてまだ十分な経験がないの」トム「あまり心配することないよ。意志のあるところには道があるんだから」）

【用例2】I'm sure that Sandra will succeed in literature. She made up her mind to become a novelist in her school days and has spared no effort since then. Where there's a will, there's a way.（サンドラは間違いなく文学で成功するね。彼女は、学生時代に作家になると決心して、それ以来努力を怠っていないんだから。意志があれば道は開けるのさ。）

〔99〕Variety is the spice of life.

多様性は人生のスパイス

【意味】一つのことにもっぱら集中するのではなく、他のことにも積極的関心を抱いて取り組み、変化を楽しむことが人生に新鮮な刺激をもたらす。

【用法】仕事や勉強など、いつも同じことを繰り返すのではなく、新たなチャレンジや未知の人々と交流を勧めるときによく使われる。また、さまざまなことに取り組んでいる人のモットーとして引かれることも多い。

【参考】日本の大学では、専攻分野やテーマは一つに絞るのが当然とされているが、欧米の大学では、始めから専攻のほかに副専攻を選択し、多様な分野に目を向け、さまざまな経験を積むことが奨励されている。

【用例1】Fred: Do you have any schedule for this weekend? Taro: Nothing in particular. I'll prepare for my studies as usual. Fred: Let's go mountaine climbing! Variety is the spice of life.（フレッド「今度の週末は何か予定がある？」太郎「特にないよ。いつものように勉強の準備だ」フレッド「山登りに行こう！ 多様性は人生のスパイスだよ」）

【用例2】What do I do in my free time? Sometimes I play tennis, bake bread and compose poems. Though I'm not gifted, I always enjoy these activities. Variety is the spice of life.（余暇は何をしているか、だって？ 時々テニスをしたり、パンを焼いたり、詩も書いている。特別な才能はないけれど、いつもそんなことをして楽しんでるよ。多様性は人生のスパイスだ。）

第6章　終りよければすべてよし

[100] All's well that ends well.

終わりよければすべてよし

【意味】最終的によい結末を迎えることができれば、途中の失敗や苦労も報われ、すべてがよかったことになる。

【用法】途中でさまざまな紆余曲折があり、最後にハッピーエンドとなったときに、ほっとした気持ちで使われる。

【ポイント】簡潔な表現で、〜s well を繰り返して口調がよく、心地よい表現となっている。

【参考】シェイクスピアの同名の喜劇（1602年）が有名だが、ことわざはそれ以前から使われていたようだ。ヨーロッパの他の多くの言語にもほぼ同じ表現がみられる。

【用例1】Since I committed a grave oversight, I was almost beaten at Go. But finally, my opponent also committed a serious oversight in his turn, and fortunately I won the game. Anyhow, all's well that ends well.（私は大きな見落としをして、碁はほとんど負けだった。しかし、最後に今度は相手がひどい見落としをして、幸運にも勝ちをひろった。いずれにせよ、終わりよければすべて良しだ。）

【用例2】Looking back on my past, I am reminded of lots of things. Innocent childhood, student days in Paris, my first love and disapointment, sickness, marriage and divorce, et cetra. Fortunately I am an artist, contented with my present life and have nothing to regret. All's well that ends well.（過去を振り返ると、いろんなことを思い出すわ。無邪気な子ども時代、パリでの学生生活、初恋と失恋、病気、結婚、そして離婚など……。幸いなことに、私は芸術家で、いまの生活には満足していて、何一つ後悔することはないの。終わりよければすべて良しよ。）

コラム──ことわざの未来

　ここまで読んでいただいて、英語のコミュニケーションの中でことわざが占める役割が決して小さくないこと、それどころか、時には論議を結論づけることばとして、時には改めて人生の意義を見出すきっかけとして、きわめて重要な役割を果たすことはご理解いただけたのではないか、と思う。また、ことわざは、堅苦しいお説教というより、庶民の長年の経験に基づく知恵で、時折ユーモアや笑いを含むことも実感していただけたのではないだろうか。

　しかし、近年は英米でも、あまりことわざが使われなくなってきたという声もある。急激に変貌していく現代社会の中で、旧来の伝統的なことわざの一部が時代に合わなくなり、しだいに忘れられていくのは、考えてみれば、当然ともいえよう。ことわざの背後にある庶民の生活や価値観が変われば、ことわざも変わらざるをえないわけである。その一方で、It takes two to tango（タンゴを踊るには二人いる、p.74）のように、20世紀半ばに誕生し、急速に広まった新しいことわざもある。その背景に、男女が対等の立場で協力し合う価値観が浸透していたことはいうまでもないだろう。

　こうした個々の現象はことわざの新陳代謝ということで説明できるが、ことわざの未来を考えるとき、他に少し気にかかることがある。近年のコミュニケーション全体の変容である。現代社会では、デジタル化が急速に進行し、じっくりした議論よりもツイッターによる応酬に注目が集まる。ことわざは短い定形表現で、一見ツイッターと親和性がありそうだが、本来は肉声であり、さまざまな議論や文脈があってこそ輝きをますものであろう。情報のあふれるいまこそ、コミュニケーションの原点である人と人との対話に立ち返り、短いことわざに込められた庶民の知恵と豊かな表現力をあらためて見直したいと、私はいま考えている。

英語ことわざ索引

A bird in the hand is worth two in the bush　60
A cat has nine lives　33
A friend in need is a friend indeed　30
A leopard cannot change his spots　87
A penny saved is a penny earned　62
A rolling stone gathers no moss　95
A stitch in time saves nine　76, 100
A watched pot never boils　96, 102
Absence makes the heart grow fonder　45
Actions speak louder than words　7
All's fair in love and war　48
All's well that ends well　13, 111
All that glitters is not gold　11
All work and no play makes Jack a dull boy　55
An apple a day keeps the doctor away　18
An eye for an eye　38, 91, 106
An ounce of prevention is worth a pound of cure　105
As you sow, so shall you reap　107
Bad news travels fast　8
Beauty is as beauty does　43
Beauty is but skin-deep　40
Beauty is in the eye of the beholder　41
Beggars can't be choosers　31
Better late than never　72
Better safe than sorry　81
Birds of a feather flock together　36
Blood is thicker than water　52
Cast pearls before swine　38, 92
Charity begins at home　53
Care killed the cat　33
Cross the bridge when one comes to it　85
Curiosity killed the cat　33

Don't bite off more than you can chew　65
Don't change horses in midstream　25
Don't count your chickens before they're hatched　61
Don't cross the bridge till you come to it　85
Don't judge a book by its cover　10
Don't look a gift horse in the mouth　32
Don't put all your eggs in one basket　73
Don't put the cart before the horse　89
Early to bed and early to rise, makes a man healthy, wealthy, and wise　17
Easy come, easy go　78
Every cloud has a silver lining　12
Festina lente　58, 69, 70
First come, first served　88
For want of a nail the shoe was lost　104
Handsome is as handsome does　43
Haste makes waste　69
He who hesitates is lost　80
Honesty is the best policy　90
Hunger is the best sauce　19
If at first you don't succeed, try, try again　79
If a thing is worth doing, it's worth doing well　66
If you can't beat them, join them　83
If you can't stand the heat, get out of the kitchen　84
It's no use crying over spilt milk　82
It never rains but it pours　103
It takes two to make a quarrel　47
It takes two to tango　47, 96, 112
Like father, like son　51
Like master, like man　51
Like mother, like daughter　51

Look before you leap   99, 108
Love is blind   42
Make haste slowly   58, 70, 96
Make hay while the sun shines   101
Man does not live by bread alone   38, 74
Many hands make light work   23
Men are known by the company they keep   36
Misery loves company   29, 96
More haste, less speed   69
Necessity is the mother of invention   26
Never put off till tomorrow what you can do today   68
Never too old to learn   57
New brooms sweep clean   86
No news is good news   4
Noblesse oblige   58
Nothing ventured, nothing gained   60, 73, 81, 108
Old habits die hard   56
One man's meat is another man's poison   34
One picture is worth a thousand words   6
Out of sight, out of mind   44
Penny wise and pound foolish   63
People who live in glass houses shouldn't throw stones   9
Practice makes perfect   27
Pretty is as pretty does   43
Rome was not built in a day   71
Spare the rod and spoil the child   54
Still waters run deep   3, 96
Strike while the iron is hot   98
Take care of the pence, and the pounds will take care of themselves   62
The apple doesn't fall far from the tree   50
The best things in life are free   75
The early bird catches the worm   16
The first step is always the hardest   13
The grass is always greener on the other side of the fence   94
The proof of the pudding is in the eating   21
The squeaky wheel gets the grease   2, 96
The way to a man's heart is through his stomach   49
There's no smoke without fire   5
Time is money   67
Too many chiefs and not enough Indians   24
Too many cooks spoil the broth   22
Two heads are better than one   28, 76
Two's company, but three's a crowd   46, 76
Two wrongs don't make a right   91
Variety is the spice of life   110
Waste not, want not   64
Well begun is half done   13
When in Rome, do as the Romans do   35
When the cat's away the mice will play   93
Where there's a will, there's a way   109
You can lead a horse to water, but you can't make it drink   37
You cannot have your cake and eat it too   20
You can't teach an old dog new tricks   56

日本語訳ことわざ索引

【あ】
悪しきニュースはすぐひろまる 8
新しい箒はきれいに掃く 86
ある人の食物が他の人の毒 34
意志のあるところには道がある 109
急ぎは無駄のもと 69
1オンスの予防は1ポンドの治療に値する 105
一日一個のリンゴは医者を遠ざける 18
1ペニーの節約は1ペニーの稼ぎ 62
1枚の写真は千の言葉に値する 6
馬の前に荷車をつけるな 89
馬を水辺へ連れていくことはできても水は飲ませられない 37
多くの手が仕事を軽くする 23
遅れてもしないよりまし 72
男心への道は胃袋を通して 49
同じ羽の鳥は群れる 36
終わりよければすべてよし 111

【か】
輝くものが金とはかぎらない 11
勝てなければ仲間に入れ 83
噛めないほど頬張るな 65
ガラスの家に住む者は石を投げてはならない 9
川の中で馬を換えるな 25
簡単に来るものは簡単に去る 78
幹部が多すぎてインディアンが足りない 24
きしる車輪は油をさされる 2
きちんと振る舞う人こそハンサム 43
今日できることを明日に延ばすな 68
空腹は最高のソース 19
釘1本欠けて蹄鉄を失い…… 104

ケーキは食べるか取っておくか、どちらかだ 20
恋と戦争は何でもあり 48
恋は盲目 42
後悔するより無事がよい 81
好奇心は猫を殺した 33
行動は言葉よりも大きく響く 7
乞食は選択者にはなれない 31
こぼれたミルクを嘆いても仕方がない 82
困ったときの友が真の友 30
転がる石に苔はつかない 95

【さ】
最初にうまくいかなくても繰り返しやってみよ 79
最初に来た者が最初にもてなされる 88
最初の一歩はいつだって最も困難だ 13
静かな淵は深い 3
慈善はわが家から始まる 53
実践が完成させる 27
芝生は垣根の向こう側がいつも青々としている 94
手中の鳥一羽は藪の中の二羽に値する 60
正直は最善の策 90
人生で最高のものにお金はかからない 75

【た】
卵がかえる前にひよこを数えるな 61
卵をぜんぶ一つの籠に入れてはならない 73
ためらう者は負ける 80
多様性は人生のスパイス 110
便りがないのはよい便り 4
タンゴを踊るには二人いる 47
血は水よりも濃し 52

鉄は熱いうちに打て 98
時は金なり 67
時を得た一針は九針を省く 100
どの雲にも銀の裏地がある 12
跳ぶ前に見よ 99

【な】
猫がいないと鼠たちが跳ね回る 93
熱気に耐えられないならキッチンから出ろ 84

【は】
橋に着く前に橋を渡るな 85
早起きの鳥は虫を捕える 16
早寝早起きは人を健康で豊かに、かつ賢くする 17
日が照るうちに干し草を作れ 101
美人というも皮一重 40
必要は発明の母 26
人はパンのみにて生きるにあらず 74
火のないところに煙は立たない 5
美は見る人の眼中にあり 41
表紙で本を判断するな 10
ヒョウは斑点を変えられない 87
不幸は仲間を愛す 29
不在は好意を募らせる 45
二つ過ちを重ねても正しいことにはならない 91
二つの頭は一つにまさる 28
豚に真珠を投げる 92
二人なら仲間だが、三人は群集 46
プディングの良し悪しは食べればわかる 21
降れば土砂降り 103
ペニーはしっかり、ポンドにお馬鹿 63
勉強ばかりで遊ばなければジャックはばかになる 55
冒険しなければ何も得られない 108

【さ】
播いたものは自分で刈らなければならぬ 107
学ぶのに年のとり過ぎはない 57
見えなくなると心からも消える 44
見つめる鍋は煮立たない 102
息子は父親そっくり 51
無駄をしなければ、不自由はしない 64
笞を惜しむと子どもがだめになる 54
目には目を 106
もらった馬の口を覗くな 32

【や】
やる価値のあることなら、きちんとやる価値がある 66
ゆっくり急げ 70

【ら】
料理人が多すぎるとスープがまずくなる 22
リンゴは木から遠いところには落ちない 50
老犬に新しい芸は仕込めない 56
ローマではローマ人のなすようになせ 35
ローマは一日にしてならず 71

参考文献

　執筆に際し参照した主な文献のうち、本書の読者がさらにことわざに関心をいだかれた場合、参考となるものを挙げておく。

Betram, A., *NTC's Dictionary of Proverbs and Clichés*, Lincolnwood, IL., National Textbook Company, 1993

Mieder, W., *Proverbs* (Greenwood folklore handbooks), Greenwood Press, 2004

Simpson, J. & Speake, J., *Concise Oxford dictionary of proverbs*, Oxford University Press, 1998. 3rd ed.

北村孝一・武田勝昭『英語常用ことわざ辞典』、東京堂出版、1997

北村孝一『ことわざの謎――歴史に埋もれたルーツ』、光文社新書、2003〔電子版、2014〕

奥津文夫『英米のことわざに学ぶ人生の知恵とユーモア』、三修社、2011

北村孝一『世界ことわざ辞典』、東京堂出版、1987〔3版、1993〕

■著　者■

北村　孝一（きたむら　よしかつ）

学習院大学非常勤講師。ことわざ学会代表理事。編著に『世界ことわざ辞典』（東京堂出版）、『ことわざの謎』（光文社）、監修に『故事俗信ことわざ大辞典』第二版（小学館）、『ことわざ資料叢書』（クレス出版）など。

■協力者■

Kristin Newton（クリスティン・ニュートン）
アメリカ合衆国カリフォルニア州出身。グラス・アーティスト。山梨学院大学 International College of Liberal Arts で美術を教える。

※本シリーズの訳文に一部差別的と誤解される恐れのある語がありますが、著者および出版社は差別を容認する意図はございません。

ミニマムで学ぶ 英語のことわざ

2017年2月25日　第1版第1刷　発行

著　者	北村　孝一
発行者	椛沢　英二
発行所	株式会社クレス出版 東京都中央区日本橋小伝馬町 14-5 TEL 03-3808-1821　FAX 03-3808-1822
組　版	松本印刷株式会社
印刷所	互恵印刷株式会社

ISBN978-4-87733-950-0　C3039　¥1800E
落丁・乱丁本は交換いたします。　　©2017　Yoshikatsu KITAMURA